Wohl dem Volk,
dessen Gott der Herr ist.

PSALM 144, 15

Georg Huntemann

Gottes Gebot
oder Chaos – was bringt
Europas Zukunft?

Der politische Auftrag des Christen
in der sogenannten Wendezeit

Verlag der
Liebenzeller Mission
Lahr

ISBN 3-88002-499-5

Edition C: C 364

© 1992 by Edition VLM im Verlag der St.-Johannis-Druckerei
C. Schweickhardt, Lahr-Dinglingen
Umschlag: Graf. Atelier Arnold, Dettingen/Erms

Gesamtherstellung:
St,.-Johannis-Druckerei C. Schweickhardt
7630 Lahr /Schwarzwald
10990/1992

INHALT

Vorwort

Es gab und gibt ein der jeweiligen Zeit angepaßtes Christentum, das so furchtbar langweilig geworden ist. Um etwas vom realen Sozialismus, vom Christomarxismus oder vom Ökosozialismus oder vom Feminismus oder . . . oder . . . zu hören, brauche ich mich nicht unter die Kanzel zu setzen (setzt man sich auch gar nicht mehr). Da gibt es so viele und hübsche Fernseh- und Zeitungsprogramme – das kann ich im Sessel bequemer genießen.

Wer nur an sein persönliches Heilserlebnis denkt und das Aussehen dieser Welt in dieser Zeit überhaupt nicht verinnerlichen will, findet überall in diesem Lande prima Erweckungsliteratur und Waschkörbe voll mit Lebenshilfen.

Wer aber nun wissen will, wie es mit uns hier in Europa weitergeht, und ob und was die Bibel dazu sagt – der lese doch bitte dieses Buch. Wer angesichts der Verlorenheit aller Werte, der antichristlichen Moral- und Kulturrevolution verwundet ist und sich ernsthaft Sorgen macht und sich fragt, was er denn noch tun und glauben kann – der lese bitte dieses Buch.

Es ist eine politische Ethik, die allgemeinverständlich sein will. Solch ein Buch mußte einmal geschrieben werden. – Man kann politische Lieder nicht immer von flotten Kirchenleuten singen lassen, die ihre Melodien den Genossen ihrer Zeit nachträllern und Gott zum Mitläufer machen wollen.

Ich würde mich täglich freuen, wenn etliche Politiker einige Takte dieser Ethik lesen würden.

Basel, im Juni 1992

Georg Huntemann

I. POLITISCHE PROPHETIE IN DER WENDEZEIT

1. Kapitel

Jahrhundertelanges Gerede von Wendezeit und Zeitenwende

Umbruch der Zeit bedeutet Umbruch der Werte. Wendezeit wird in diesem Sinne von vielen als Befreiung bejubelt, ein neues Zeitalter (»New Age«) mit neuen, weiblichen, mütterlichen, ausgleichenden Werten könne uns nun endlich von den harten, repressiven, Natur und Mensch, Mann und Frau trennenden christlichen Geboten und Lebensweisen befreien.

Von den einen bejubelt, von den anderen mit Sorgen begleitet, wandelt sich dieses 20. Jahrhundert an seinem Ende von der modernen zur postmodernen Welt.

Wie reagiert darauf evangelische Theologie – wie beurteilt sie die Zukunft dieser Gesellschaft? Was werden die politischen Konsequenzen dieser Wende sein? Winkt das Paradies, wenn Ost und West in Frieden, alle Menschen aufgeklärter, liberaler und fraulicher auf diesem ganzen Planeten leben wollen?

Auch vor mehr als einem halben Jahrhundert dachten viele Menschen, gerade auch in Deutschland, in einer »Zeitenwende« zu leben. Uniformierte sangen »Mit uns marschiert die neue Zeit«. Viele Melodien der in Hitlerdeutschland gesungenen Lieder, die mit anderen Texten unterlegt worden waren, entsprangen der sozialistischen Arbeiterbewegung der Jahrhundertwende, die ebenfalls ganz und gar von einer neuen Zeit fasziniert war. Die totale Revolution in Rußland von 1917 war felsenfest entschlossen, auf den Trümmern der alten eine neue Welt aufzubauen. So hat man dieses ganze zwanzigste Jahrhundert hindurch eigentlich immer in der Zeitenwende oder wie wir heute sagen, Wendezeit gelebt.

Im Grunde hätte es rasant bergauf gehen müssen mit der

Menschheit. Aber die Wirklichkeit sah anders aus und um die Mitte dieses Wendezeit-Jahrhunderts konnte angesichts all des Zeitwendeenthusiasmus nur eine traurige Zwischenbilanz gezogen werden.

Am 29. April 1942 – also vor etwa einem halben Jahrhundert – hielt der damals schon weltberühmte Theologe Emil Brunner als Rektor der Universität Zürich seine Rektoratsrede über das zunächst wenig aufregend klingende Thema »Die Menschenrechte nach reformierter Lehre«. Ein Jahr später erschien mit 336 Seiten die volle Entfaltung dieses Themas in einem Buch, das schlicht aber eindringlich nur mit »Gerechtigkeit«[1] betitelt war: »Es geht ein Schrei nach Gerechtigkeit durch die Welt. Alles Leiden ist bitter, aber ungerecht leiden ist doppelt bitter«, schrieb Brunner gleich am Anfang des ersten Kapitels. Einige Zeilen weiter beschrieb Emil Brunner seine Situation, in der er das Buch schrieb: »Unrecht hat es immer gegeben, aber wohl noch nie hat eine Zeit ein solches Maß von Ungerechtigkeit erlebt. Die Menschheit hat grausame Zeiten durchgemacht, aber noch nie eine solche wie diese, wo im Namen des Rechts Unrecht getan, ja wo Unrecht zum System, wo der Widerspruch gegen die Ordnung der Gerechtigkeit selbst zur Tagesordnung, zur proklamierten Staatsordnung wurde.«[2]

Wie sah die Welt aus der Perspektive Zürichs in der neutralen, damals noch traditionsgebundenen und wertekonservativen Schweiz 1942 aus? Die Schweiz – um ihre Neutralität bangend – war im Süden durch das faschistische Italien, im Osten und Norden durch das nationalsozialistische Deutschland eingeschlossen. Nur im Westen gab es einen Ausweg in das zunächst nicht besetzte, von Vichy aus regierte Frankreich. Am 20. Januar 1942 hatte sich die sogenannte »Wannsee-Konferenz« mit der Endlösung der Judenfrage beschäftigt. Am 26. April – also drei Tage vor Brunners Rektoratsrede – forderte Adolf Hitler in einer Rede vor dem Reichstag die höchste richterliche Gewalt für sich selbst ein. Der totalitäre Staat war perfekt. Im Frühjahr eben dieses Jahres 1942 wurden die ersten sogenannten »Vernichtungslager« in Auschwitz und Maidanek im Rahmen der Endlösung eingerichtet. Der Zweite Weltkrieg hatte Ende 1942 im Osten mit der Eroberung des Kaukasus und des Vorstoßes bis zur Wolga, bis nach Stalingrad und der Landung amerikanischer und britischer Verbände an der algerischen und marokkanischen Küste seinen dramatischen Höhepunkt erreicht. Als Brunner »Gerechtigkeit« 1943 als Buch herausgab, hatte das Dritte Reich seinen Höhepunkt überschritten und taumelte nach der Katastrophe von Stalingrad in einen Strom von Blut und Tränen dem Schluß seiner »Neuen Zeit« entgegen.

Wir wissen heute, wie alles zum Ende kam. Die meisten Zeitgenossen damals wußten es nicht. Christen mußten sich allen Ernstes fragen, ob nicht das Ende aller Zeiten gekommen sei, die Wiederkunft Christi unmittelbar bevorstünde und ob es nicht angemessen sei, in aller Stille und Demut in dieser grausamen Zeit dem Anbruch der »messianischen Wehen« entgegenzusehen.

Aber Emil Brunner (wie übrigens auch seine theologischen Zeitgenossen Dietrich Bonhoeffer und Karl Barth) verneinte ausdrücklich den Rückzug der Christen aus der politischen Verantwortung in eine nur duldend und hoffend zu erfahrende Jenseitserwartung. Es überrascht, daß diese Theologen damals noch an die Möglichkeit eines Neuanfangs nach der Katastrophe glaubten. Dieser Neuanfang wurde allerdings nicht als ein enthusiastischer Aufbruch in eine neue Zeitenwende oder Wendezeit verstanden, sondern ganz im Gegenteil als eine Rückbesinnung auf die Vergangenheit, in der jüdisch-christliches Gerechtigkeitsverständnis als Botschaft Gottes erfahren und anerkannt wurde. In diesem Sinne sprach Brunner von »Recht und Pflicht der Theologen«, sich an dieser Neuaufbau-Arbeit zu beteiligen.[3]

Eine solche Neuordnung auf diesem Planeten in Frieden und Gerechtigkeit hat es dann aber nicht gegeben. Zwar brachen die totalitären Systeme des Nationalsozialismus sehr bald und die des Bolschewismus erst in dieser Generation zusammen. Aber die Herausforderung der dritten Welt, das Wiedererwachen des Islam mit der Möglichkeit eines muslimischen Totalitarismus standen damals genauso außerhalb des Betrachtungshorizontes wie die innere Auflösung der Gebote und Ordnungen in den westlichen Industrieländern und die lähmende Identitätskrise der protestantischen Kirche mit ihrer Auflehnung gegen die Theologie von »Recht und Ordnung«, die konsequenterweise jede Botschaft von »Law and Order« nur noch mit Hohn und Spott bedachte.

Neuordnung im Sinne von Gerechtigkeit ist also ein Auftrag, heute mindestens genauso herausfordernd wie vor fünfzig Jahren. Angesichts der inneren Auflösung, die Brunner zu seiner Zeit als »Zerfall der abendländischen Idee der Gerechtigkeit«[4] definierte, droht der totale Staat heute wie damals nicht nur von außen, sondern auch von innen als Zerfallsprodukt unserer europäischen, sich von den christlichen Werten abwendenden Zivilisation: »Entweder gibt es heiliges Recht, an das man gegenüber jeder unmenschlichen, ungerechten Sozialordnung, gegenüber jeder staatlichen Willkür und Grausamkeit appellieren kann, oder aber dieses heilige Recht ist nur ein Traum; und dann ist Recht nichts als ein anderes Wort für die zufälligen Resultanten aus den faktischen Machtkomponenten eines politischen Kraftfeldes.«[5]

Politische Prophetie in der Wendezeit bedeutet also: Entweder Gerechtigkeit oder Tyrannei. Entweder Gebot und Ordnung oder wir versinken in das Chaos des Nihilismus. Nihilismus heißt in christlicher Interpretation das Nein zur biblisch geoffenbarten Werteordnung. Biblisch motivierte politische Prophetie sieht im Gang des 20. Jahrhunderts nicht Fortschritt zu »neuer Zeit«, sondern – jetzt gerade im Blick auf den sogenannten »Osten« – zunächst einmal den Bankrott dieser »Neuzeit-Gläubigkeit«. Sie sieht darüber hinaus in Europa und in den USA die wachsende Bereitschaft, biblische Wertordnungen zu negieren. Drohenden Bankrott sieht sie also nicht nur im Osten, sondern auch in der westlichen Welt. Politische Prophetie verweist auch die dritte Welt, die durch Völkerwanderung oder Gewalt ein an sich selbst zweifelndes »christliches Abendland« bedroht.

Das ist eine glatte Absage an den Optimismus etwa jener Politiker, die mit »sozialer Marktwirtschaft« oder im Glauben an »liberale und aufgeklärte Gesellschaft der Zukunft«, aber ohne das biblische Verständnis von Gebot, Ordnung und Gerechtigkeit diesen Planeten und unserer westlichen Gesellschaft noch eine Chance geben wollen. Ohne die biblisch bezeugte Ordnung und Gerechtigkeit, an die in diesem Buch inhaltlich ausführlich erinnert wird, gibt es nur eine Wendezeit zum Untergang.

2. Kapitel

Über alle Zeiten das Urgebot Gottes

Die biblische Beurteilung der planetarischen Situation geht von dieser Voraussetzung aus: Die Möglichkeit menschlichen Überlebens auf diesem schon bald übervölkerten Planeten hängt davon ab, daß diese Generation anerkennt: Es gibt eine absolute, unantastbare, für alle Zeiten unveränderliche, den Menschen offenbar gewordene Gerechtigkeit Gottes, der sich alle Völker unterwerfen müssen, wenn sie leben und überleben wollen. Jedes Lebewesen geht zugrunde, wenn es gegen die Gesetze der Natur verstößt. Humanität kann nicht überleben, wenn sie sich gegen das Gebot Gottes erhebt.

Nach der biblischen Überlieferung ist es die Gestalt des Noah, der die erste große Katastrophe der Menschheit, die Sintflut, überlebt hat. Mit diesem Noah hat Gott einen Bund geschlossen: »Und siehe, ich errichte meinen Bund mit euch und mit euren Nachkommen nach euch« (1 Mose 9,9). Vornehmlich die jüdische Exegese der sogenannten Halacha hat den Inhalt der Gebote, die diesem Bunde zugrunde liegen, herausgearbeitet. Sie ist dabei auf sieben Gebote gekommen.

Der jüdische Religionsphilosoph Hermann Cohen hat den Inhalt dieser Gebote so zusammengefaßt: »Die sieben Verpflichtungen des Noachiden bestehen aus sechs Verboten und einem Gebot. Die Verbote sind außer der Lästerung Gottes und dem Götzendienst: Blutschande, Mord, Raub und Genuß eines Gliedes von einem lebenden Wesen. Und das Gebot betrifft die Einsetzung von Gerichten. Es sind also, abgesehen von der Sicherung des Monotheismus im Lande gegen die Verführung durch den Götzendienst und durch die Gotteslästerung, nur Gebote der Sittlichkeit, die vom Noachiden gefordert werden. Der Glaube an den jüdischen Gott wird nicht gefordert.«[6]

Diese noachidischen Gebote gebieten also die Ehrfurcht vor dem geborenen und ungeborenen Leben. Sie schützen das Eigentum, sie verbieten das Quälen eines Tieres (gebieten die Ehrfurcht vor der Schöpfung Gottes), sie untersagen streng die Verwandtenehe und Hurerei. Gott darf nicht gelästert werden. Abgötterei (dazu gehört in moderner Gestalt jede Ideologie) wird ausgeschlossen. Dieses Verständnis des noachidischen Gebotes entspricht in etwa dem, was die katholische Theologie das Naturrecht und die reformatorische Ethik die Schöpfungsordnungen oder Erhaltungsordnungen nennen.[7]

Durch diese Uroffenbarung Gottes in diesen sieben Urgeboten sind nicht etwa nur die Christen, sondern ist die gesamte Menschheit in die Pflicht genommen. Nach biblischer Überlieferung stammen ja alle Menschen von Noah ab. Da gibt es keinen Unterschied zwischen Heiden, Christen und Juden. Die sieben noachidischen Gebote sind die Basis der Humanität. Darum konnte der Apostel Paulus in seinem Brief an die Römer auch schreiben: »Denn wenn Heiden, die kein Gesetz haben, sondern von Natur die Dinge des Gesetzes ausüben, so sind diese, die kein Gesetz haben, sich selbst ein Gesetz, welche das Werk des Gesetzes geschrieben zeigen in ihren Herzen . . .« (Röm 2,14–15). Im Gewissen, im Herzen und auch in der Vernunft aller Menschen waltet mehr oder weniger verdeckt Erinnerung an das Urgebot Gottes, das an Noah als Vertreter der ganzen Menschheit erging. Bedeutsam ist dieses: In jedem Fall geht es nicht um eine vom Menschen erfundene oder konstruierte oder durch demokratischen Konsens hergestellte, sondern um eine von Gott gegebene Sittlichkeit.

Die Zuwendung zu Göttern und Götzen, ein nicht enden wollendes Drama im Laufe der Geschichte der Menschheit, verdeckte diese Uroffenbarung des einen Gottes, die in der Bibel bezeugt ist. Die »Zehn Gebote« oder die »Zehn Worte« sind darum in der Offenbarung am Sinai noch einmal eine Erinnerung an das alle Menschen verpflichtende Urgebot. Auch wenn dieses Gebot zunächst nur zum Volk Israel am Sinai gesprochen wurde, ist es verpflichtend für alle Völker auf dieser Erde. Die Einleitung zu diesen Zehn Geboten macht deutlich: Die Abkehr von Gott bedeutet Abgötterei. Und die Folge der Abgötterei ist die Herrschaft des Menschen über den Menschen. Darum heißt es: »Ich bin der Herr dein Gott, der dich herausgeführt hat aus dem Lande Ägypten, aus dem Hause der Knechtschaft. Du sollst keine anderen Götter haben neben mir« (2 Mose 20,2–3).

Eindeutig wird auch bei der Übermittlung dieser Gebote durch Mose ausgesagt, daß Ungerechtigkeit sich selbst straft. Ungerechtigkeit wird heimgesucht an den Kindern am dritten und am vierten Glied. Die Folgen der Abkehr von Gott sind die Zerstörung jener Gerechtigkeit, die eben nicht nur den einzelnen, sondern die ganze Gesellschaft bewahren will. Also gibt es eine vergeltende

Gerechtigkeit im persönlichen wie im politischen Leben der Völker. So wahr es eine Gerechtigkeit gibt, so wahr gibt es eine Rache Gottes.

Die Zehn Gebote schützen Ordnungen, ohne die der Mensch nicht existieren kann. Er kann nicht leben ohne die Ruhe, ohne daß er Vater und Mutter ehrt, also ohne die Familie. Er kann nicht leben ohne die Ehrfurcht vor dem geborenen und ungeborenen Leben. In der Ehe hat er Anteil an der Schöpfungslust Gottes. Eigentum ist die Voraussetzung der perönlichen Freiheit und des schöpferischen Handelns. Das persönliche Eigentum steht nicht in der Verantwortung vor dem Kollektiv, sondern in der unmittelbaren Verantwortung vor dem lebendigen Gott.

Eine Gesellschaft kann nicht leben ohne Wahrheit und Wahrhaftigkeit und ohne die ausdrückliche Verneinung der Abgötterei und des Götzendienstes. Denn ohne Gebieter keine Gebote. Oder umgekehrt: Das Leben in der Gerechtigkeit setzt Ehrfurcht vor der Gerechtigkeit Gottes voraus. Schon in den noachidischen Geboten zeigt sich, daß Gerechtigkeit auf Erden ohne Ehrfurcht vor dem einen Gott im Himmel nicht zu haben ist. Die Verneinung Gottes in den Ideologien Europas oder die Verhöhnung Gottes im Götzendienst anderer Religionen zerstört jene Gerechtigkeit, die allein die Basis menschlichen Zusammenlebens in Freiheit, Gerechtigkeit und Lebensfreude garantiert.

Unsere europäische Situation ist immer noch dadurch charakterisiert, daß wir durch die Missionierung des Abendlandes diese »Zehn Worte Gottes« gehört haben und uns noch daran erinnern. Sie waren Inhalt der Verkündigung in allen Kirchen dieses Kontinents. Darum gilt auch jene Warnung, die damals Mose dem israelitischen Gottesvolk zukommen ließ, für uns: »Es wird aber geschehen, wenn du der Stimme des Herrn deines Gottes nicht gehorchst, daß du darauf achtest zu tun alle seine Gebote und seine Satzungen, die ich dir heute gebiete, so werden alle diese Flüche über dich kommen und dich treffen. Verflucht wirst du sein in der Stadt, und verflucht wirst du sein auf dem Felde . . . der Herr wird dich schlagen mit Wahnsinn und mit Blindheit und mit Erstarrung des Herzens; und du wirst am Mittag umhertappen wie der Blinde im Finstern tappt und du wirst kein Gelingen haben auf deinen Wegen; und du wirst nur bedrückt und beraubt sein alle Tage und niemand wird dich retten.« (5 Mose 28)

Den Worten des Propheten Micha ist ebenfalls nicht auszuweichen: »Er hat dir kundgetan, oh Mensch, was gut ist; was fordert der Herr von dir, als Recht zu üben und Güte zu leben und demütig zu wandeln mit deinem Gott?« (Micha 6,8).

Anders als die nichtchristlichen Völker, die vielleicht nur eine dunkle Ahnung an die noachidische Uroffenbarung haben, sind Europäer immer noch als »christliches Abendland« beim Wort zu nehmen, denn sie haben nicht nur dunkle Erinnerung an die noachidischen Gebote, sondern die klare Verkündigung jener »Zehn Worte«, die die Offenbarung aller Gerechtigkeit sind.

3. Kapitel

Die Weltgeschichte ist Gottes Weltgericht

Die Propheten des Alten Testamentes haben ein für allemal und unmißverständlich deutlich gemacht, daß der eine Gott der Herr der Weltgeschichte ist und daß die Geschicke der Völker nach seinem Willen und seinem Urteil ablaufen werden. Wenn sich eine Gesellschaft gegen das Gebot Gottes erhebt, geht sie zugrunde. Die Ursache dieses Aufruhrs gegen die Gerechtigkeit Gottes ist nach biblischem Urteil die Anmaßung des Menschen, aus sich selbst heraus seine eigenen Gebote zu setzen. Es ist dieser Übermut, der Völker ins Verderben treibt. Das Wort des Propheten Jesaja (2,11–12) mag beispielhaft sein für die Unheilsprophetien des Alten Testamentes überhaupt: »Denn der Herr der Heerscharen hat einen Tag über alles Hoffärtige und Hohe, über alles Erhabene; . . . und der Hochmut des Menschen wird gebeugt und die Hoffart des Mannes erniedrigt werden und der Herr wird hocherhaben sein, er allein, an jenem Tage. Und die Götzen werden gänzlich verschwinden.«

Wir haben bislang nur auf das Alte Testament gehört – ist die Situation durch die Ankunft Christi nicht vollends anders geworden? Hat Christus nicht die »Härte« alttestamentlicher Gerechtigkeit abgeschafft? Ist nun nicht die Liebe an die Stelle der Gebote getreten?

Ein tödlicher Irrtum wäre es anzunehmen, daß durch Christus und die Apostel das Gesetz des Alten Testamentes abgeschafft worden wäre. Die Zeremonialgesetze, der »Zaun um Israel«, gelten nicht für Christen, weil sie in Christus erfüllt sind.[8] Aber die Gebote der Gerechtigkeit, vor allem die »Zehn Worte«, haben unverändert ihre Bedeutung erhalten und werden sie erhalten bis zum Ende dieser Welt. So spricht Jesus: »Meinet nicht, daß ich gekommen sei, das Gesetz oder die Propheten aufzulösen; ich bin nicht gekommen aufzulösen, sondern zu erfüllen. Denn wahrlich, ich sage euch: Bis der Himmel und die Erde vergeht, soll auch nicht ein Jota oder ein Strichlein von dem Gesetz vergehen, bis alles geschehen ist.« (Mt 5,17–18). Und der Apostel Paulus, der gerne als das Nein zum Gesetz des Alten Testamentes mißverstanden wird, erklärt ausdrücklich:

»So ist also das Gesetz heilig und das Gebot heilig und gerecht und gut« (Röm 7,12).

Aber ist nicht die Liebe wichtiger als das Gebot Gottes? Auch hier ist die Aussage des Neuen Testamentes eindeutig. Der Apostel Paulus sagt: »Das Endziel des Gebotes aber ist Liebe: Liebe aus reinem Herzen und gutem Wissen und ungeheucheltem Glauben . . .« (1 Tim 1,5). Der Sinn der Gebote ist für den Apostel Paulus also die Liebe aus reinem Herzen. Das Gebot und die Liebe stehen nicht in einem Gegensatz, sondern in einem Zueinander. Der Apostel Johannes (2 Joh 6) drückt das so aus: »Und dies ist die Liebe, daß wir nach seinen Geboten wandeln. Dies ist das Gebot, wie ihr von Anfang an gehört habt, das ihr darin wandeln sollt.« Wahre christliche Liebe ist nicht gegen das Gebot, sondern die Erfüllung des Gebotes. Liebe gegen das Gebot ist nicht wirklich Liebe, sondern Selbstverwirklichung, die sich als Liebe deklarieren möchte.

Von Dietrich Bonhoeffer haben wir die Unterscheidung zwischen teurer und billiger Gnade. Billige Gnade bedeutet, daß die Vergebung ungefragt und ungebeten als Mantel der Liebe über alle Ungerechtigkeit hingeworfen und Sünde nicht mehr als Sünde gekannt und bekannt wird. Diese billige Gnade ruiniert christliche Substanz. Vergebung wird überhaupt nicht mehr ernst genommen, sondern als Freibrief für pure Willkür verstanden. Die teure Gnade aber ist die Vergebung für den bußfertigen Sünder, der weiß und bekennt, daß er gegen das Gebot Gottes und seine Gerechtigkeit gelebt hat und darum der Vergebung bedarf. Es ist ein Unterschied, ob wir die Sünde gegen das Gesetz Gottes vergeben durch Buße und Versöhnung oder ob wir das Gesetz Gottes »aus Liebe« leugnen. Es ist falsch verstandene Christlichkeit, wenn das Gebot Gottes »durch Liebe ersetzt« werden soll. Das hat – wie noch zu zeigen sein wird – fatale Konsequenzen für die politische Ethik.

Wenn zum Beispiel in unseren Großstädten rechtsfreie Räume zugelassen werden, in denen Chaoten agieren und ohne Strafe bleiben, ist das nicht ein Zeichen christlicher Liebe zur gescheiterten Existenz, sondern entweder Auflehnung gegen das Gebot oder die Furcht einer Regierung, für das Gebot zu kämpfen, weil es nicht »populär« ist. Wer das Chaos nicht von Anfang an abwehrt, wird sein Opfer. Diese Mahnung hat Dietrich Bonhoeffer ausgesprochen. Darum betreiben Politiker, die dem Chaos wegen populistischer Politik nachgeben, den Bankrott einer Gesellschaft.

Weil es so wichtig ist, sich über das biblische Zueinander von

Gebot und Liebe klarzuwerden, sei an dieser Stelle an drei wesentliche Gedanken Dietrich Bonhoeffers erinnert:

1. »Die Gebote« Gottes zeigen die Grenzen, die nicht überschritten werden dürfen, wenn Christus der Herr sein soll. Und die Kirche hat die Welt an diese Grenze zu erinnern.

2. Zur Nachfolge Jesu sagt Bonhoeffer, daß gesetzlose Bindung an die Person Christi nicht Nachfolge heißen darf, ». . . in der Gemeinschaft Jesu kann nur der Täter des Gesetzes bleiben«.

3. Am 2. Advent 1943 schrieb Dietrich Bonhoeffer: ». . . und nur wenn der Zorn und die Rache Gottes über seine Feinde als gültige Wirklichkeiten stehenbleiben, kann von Vergebung und von Feindesliebe etwas unser Herz berühren. Wer zu schnell und zu direkt neutestamentlich sein und empfinden will, ist meines Erachtens kein Christ . . . man darf das letzte Wort nicht vor dem vorletzten sprechen.«[9]

Wir erleben heute den Abfall von Gottes Gerechtigkeit zum emotionalen Naturalismus

(Die neo-baalistische Unkultur unserer Zeit)

Vor dem Chaos der Auflösung von Recht und Ordnung stehen wir heute – das ist das Charakteristikum dieser planetarischen Wendezeit. Schon in den dreißiger Jahren dieses Jahrhunderts hat der jüdische Religionsphilosoph H. J. Schoeps die gegenwärtige Kultur als baalistisch bezeichnet.[10] Die Baalim sind nach dem Verständnis des Alten Testamentes Naturgottheiten, die von den Propheten des Alten Testamentes erbittert bekämpft wurden. Das »Huren unter den Bäumen« und an den Steinen, gegen das die Propheten predigten, war die kultische Prostitution, die emotionale Vereinigung mit den Naturgottheiten, um Fruchtbarkeit des Lebens durch magische Praktiken zu erlangen. Gottheit und Natur wurden eins. Die Naturmythologie Kanaans war seinerzeit eine der brutalsten Herausforderungen des biblischen Monotheismus. Durch die Ekstase, durch den Rausch, durch die Ausschaltung des Bewußtseins, also im Zerfließen der Person wurden diese Naturgottheiten geradezu emotional einverleibt. Gott stand als Schöpfer nicht mehr über der Natur, sondern war naturmythologisch in das Geschick der Natur verflochten. H. J. Schoeps meinte zu seiner Zeit, daß in Anbetung von Blut und Rasse, so in der biologischen Weltanschauung des Nationalsozialismus, auf moderne Art und Weise der Baalismus wieder aufgebrochen sei.

Sind nicht in der Tat alle Ideologien des 20. Jahrhunderts baalistische Ideologien, weil sie die Natur zum Letztgültigen erheben? Nicht nur der Biologismus der nationalsozialistischen Ideologie, sondern auch der historisch-dialektische Materialismus eines Marx und Engels sah in der Materie das Letztgültige und Endgültige überhaupt. Materie kommt von Mater und Mater heißt Mutter. So wurde die »Mutter Erde«, der Mensch und Gesellschaft unterworfen waren, zur eigentlichen Göttin, der nun in der Begrifflichkeit der modernen Welt Anbetung gezollt wurde. Alle großen Väter der Ideologien, die das 20. Jahrhundert in Europa bedrohten oder beherrschten – von Marx bis Stalin und von Nietzsche bis Hitler – verneinten den Gott der Bibel und glaubten an Bios und Materie – das waren die Götter des 20. Jahrhunderts, die angebetet wurden.

Die Kultur- und Moralrevolution in der zweiten Hälfte dieses Jahrhunderts akzentuierte sich vor allem in der negativen Dialektik[11] eines Adorno, Habermas, Horkheimer und Marcuse. Ihre kritischen Theorien beherrschen heute weitgehend die gesellschaftliche Szene dieser Wendezeit. Folgende Kernaussagen haben sich wie eine unfehlbare Lehre für unsere Gegenwart durchgesetzt:

1. Es gibt kein unfehlbares, absolutes, von einem Gebieter gebotenes Ethos. Eine Gesellschaft reguliert sich durch den permanenten Diskurs. Aus einer nie endenden Diskussion, an der nur teilnehmen darf, der kein »herrschaftslegitimierendes Weltbild« hat, wird jeweils ein Konsens auf Zeit erreicht. Wer an Gott, den Gebieter der Gebote und den Schöpfer Himmels und der Erde glaubt, hat ein »herrschaftslegitimierendes Weltbild« und darf an diesem Diskurs nicht teilnehmen – er steht außerhalb der Gesellschaft. Zu diesem Außerhalbstehen sind wertekonservative protestantische Theologen schon lange verurteilt.

2. Alles, was Person oder Ethos genannt wird, ist zu hinterfragen nach Bedürfnissen. Bedürfnisse sind Bedürfnisse nach Lusterfüllung, Ausleben der Libido. Anarchie der Libido wird gelebt gegen die »Herrschaftsstruktur« eines christlichen Personenverständnisses.

Daß diese Postulate direkt baalistisch und unbiblisch sind, versteht sich von selbst. Nicht gleich von selbst versteht sich, daß Perestroika und Glasnost (»Öffentlichkeit«) ursprünglich der Versuch Gorbatschows war, durch den Diskurs analog der kritischen Theorie die eingefrorenen Herrschaftsstrukturen des Sowjetstaates aufzulösen. Francoise Thom (»Perestroika et Ideologié«)[12] hat klar erkannt, daß es darum ging, durch den Diskurs, der durch keine absoluten Werte begleitet werden durfte, die sozialistische Ideologie und damit den sozialistischen Menschen, der damals für Gorbatschow irreversibel war, zu retten. Daß das nicht gelang, wissen wir heute. Was aber kommen wird, wissen wir nicht. Jedenfalls wird ohne eine Hinwendung zu einer absoluten Werte- und Rechtsordnung am Ende nur das Chaos stehen, in dessen Sumpf wir Europäer selbst versinken könnten.

Wenn wir heutzutage (jeweils am 28. April) den »Tag der Erde«

feiern, wenn für uns die Natur das Letztgültige ist, wenn wir die Mutter Natur »beschwören«, wenn man im Zeitalter des New Age die Gea (die Erde) gleichsam als Göttin verehrt, wenn die menschliche Gesundheit zum Götzen wird und die Ärzte zu Priestern – dann ist dieser Baalismus wie zur Zeit der Propheten mitten unter uns. Nicht der Wille, nicht das Hören auf Gottes Wort, nicht das Bewußtsein sind entscheidend für sogenanntes »glückliches Leben«, sondern die Aufreizung der Emotionalität. Da existiert letztlich nur noch der durch Emotionsschübe stimulierte Mensch.

Man will als permissiver Mensch dem »jüdisch-christlichen«, asketischen, repressiven und ausbeuterischen »Establishment« (so nannte zum Beispiel Herbert Marcuse die Gesellschaftsform der westlichen Demokratien) einreden, es trage durch seinen »Leistungsdruck« die Schuld an allen Aggressionen, Kriegen und Greueln in der ganzen Welt und »schulde daher ihnen, den Nichtstuern und Nichtswissern, Stipendien und lebenslange Ferien an den Bildungsinstitutionen«. So beschrieb die Jüdin Salcia Landmann[13] den Hippie-Messianismus der negativen Dialektik, der bis heute ungebrochen weiterlebt.

In der Tat gilt doch heute die Regel, gut ist, was glücklich macht, und glücklich machen die Emotionen und alles, was in diesem Sinne »natürlich« ist. Dem darf nichts entgegenstehen. Alle Tabus (die ja nur die bösen Juden und die von ihnen beeinflußten bösen Christen aufgerichtet haben) müssen zerbrochen werden. So wird heute mit Jauchzen alles, was nach alttestamentlichen Geboten als pervers verurteilt wird, hochgejubelt. Das hat rechtliche Konsequenzen insofern, daß der Inzest, der geschlechtliche Verkehr zwischen Eltern und Kindern, in Schweden strafrechtlich nicht mehr verfolgt wird. Andere europäische Länder werden noch in diesem Jahrhundert folgen.

Natürlich darf man sich nicht wundern, daß diese Kultur (Unkultur) der planetarischen Wendezeit, die allen Wert auf das Emotionale legt, zur Drogenkultur entartet. Die Drogenszene unserer Tage, die sich immer mehr ausweitet, ist eine Folge dieses emotionalen Baalismus. Die unaufhaltsame Ausweitung der Drogenszene ist der bittere Preis, den wir für diesen hemmungslosen Baalismus unserer Tage zu bezahlen haben. Man kann die Droge nicht bekämpfen, wenn man die emotionale »Aufschrei-Kultur« und die Zerstörung der Person bejaht.

Der Baalismus war, wie gesagt, der Erzfeind der Propheten. Aber mit den Baalim wurde auch der Moloch verehrt, dessen Kult die Propheten ebenfalls erbittert bekämpften. Dem Gotte Moloch wurden Kinder geopfert. Um glücklich zu sein, um so etwas wie ein Paradies auf Erden zu haben, meinten die Heiden Kanaans und die Abtrünnigen des alttestamentlichen Gottesvolkes, den Göttern Kanaans Kinderopfer bringen zu müssen. Kein Glück ohne Opfer, kein Paradies auf Erden, ohne den Götzen Menschenopfer zu bringen.

Neben dem naturalistischen Emotionalismus der Baalskultur wütete der Zerstörungstrieb des Molochismus. Das zwanzigste Jahrhundert mit seinen Ideologien, mit Hitlerismus und Stalinismus, hat Zigmillionen von Menschenleben gekostet. Das zwanzigste Jahrhundert hat mehr christliche Märtyrer hervorgebracht als irgendein anderes Jahrhundert in der Geschichte der Christenheit und mehr jüdische Märtyrer als irgendwann in der Geschichte des jüdischen Volkes. Aber immer noch opfern wir dem Moloch. Vergessen wir nicht: Der unheimliche Gefährte des vergötterten Lusttriebs in einer lustbetonten Zivilisation ist der Zerstörungstrieb.

Die Weltgesundheitsorganisation schätzte unlängst die jährliche weltweite Abtreibung auf 30 Millionen. Zweihunderttausend Abtreibungen geschehen pro Jahr in der Bundesrepublik Deutschland. Jede vierte der jährlich weltweit dreißig Millionen Abtreibungen geschieht in der bisherigen UdSSR. Hier gibt es also sechs- bis zehnmal mehr Aborte als in den sogenannten »kapitalistischen Industriestaaten«, und diese Tendenz steigt. Aber bevor man auf »sozialistische Länder« mit Steinen wirft, sollte man bedenken, daß die Freigabe der Abtreibung im Sinne einer Fristenlösung für alle Länder der Europäischen Gemeinschaft vom Europaparlament in Straßburg gefordert wird. In einer mit 147 Jastimmen gegen 60 Neinstimmen, bei 11 Enthaltungen, verabschiedeten Entschließung äußert das Parlament in Straßburg den dringenden Wunsch nach einer Freigabe des Schwangerschaftsabbruchs – so geschehen im Frühjahr des Jahres 1990.

Blickt man zurück auf die planetarische Situation des nun zu Ende gehenden zwanzigsten Jahrhunderts, kann man mit Franz Alt (dessen Auffassung des Christentums ich allerdings überhaupt nicht teile) die traurige Bilanz ziehen: »An gewalttätigen Auseinandersetzungen zwischen Völkern übertrifft unser Jahrhundert alle vorhergehenden.«[14] Ich möchte hinzufügen: An den Grausamkeiten der Völkermorde (an Armeniern, an Juden, die ein Drittel ihres Volkes verloren, vom Völkermord in Kambodscha, der 1,5 Mio. Menschenleben kostete) übertrifft ebenfalls unser Jahrhundert alle vorhergegangenen Jahrhunderte.

Neben dem Lusttrieb waltet also der Zerstörungstrieb, neben dem Baalismus der Molochismus. In dem Maße, als die Erfüllung des Lebens durch Lustgewinn erreicht werden soll, wächst die Aggression. Der moderne Mensch ist ein aggressiver Mensch. Vor allem junge Leute fordern eine freie bedingungslose Selbstentfaltung. Das individuelle Freiheitsrecht soll unbegrenzt und durch keine staatliche Gewalt gehemmt werden. Chaos, Ungerechtigkeit und Gewalt breiten sich aus in unseren großen Städten. Man schätzt, daß etwa 70 % der Bevölkerung unserer Städte Neurotiker sind. Laut einer 1986 veröffentlichten Allensbacher Umfrage haben sich 48% der unter Dreißigjährigen in der Bundesrepublik gegen das Gewaltmonopol des Staates ausgesprochen und nur 38% dafür.

Nun ist Recht ohne Macht nicht zu haben. Recht ohne Macht ist ohnmächtig, also bedeutungslos. Ein Rechtsstaat ohne Macht ist ein Widerspruch in sich selbst. Aber kein Gebot darf heute die Entfaltung des Glücks stören – das Gespür für die heilige Gerechtigkeit Gottes, die Scham angesichts des Aufruhrs gegen die Lebensordnungen Gottes sterben aus. Weil kein Gott mehr ist, darum kein Gebot. Weil kein Gebot mehr geboten wird – darum keine Humanität. Wer will von einer Gesellschaft, deren einziger Götze das baalistische Wohlleben ist, etwa Pflicht, Leid oder Opfer fordern? Der moderne Mensch des Neo-Baalismus ist leidensunfähig geworden. Wer aber nicht leiden kann, verschmäht die Züchtigung Gottes. Wer aber die Züchtigung Gottes verschmäht, rebelliert gegen Gott. Wer aber gegen Gott rebelliert, rebelliert gegen seine Mitmenschen, ruiniert die Humanität.

5. Kapitel

Die Identitätskrise der Christenheit führt zur Entchristlichung der Politik

Fast alle christlichen Kirchen, die protestantische mehr als die katholische, befinden sich in einer ihre Substanz bedrohenden Identitätskrise. Peinlich wirkt der Versuch, sich fast um jeden Preis dem Trend der Zeit anzupassen. Man könnte traurige Kapitel eines traurigen Buches über die Anpassungsversuche der Kirchen an die Ideologien im 20. Jahrhundert schreiben.[15] Dieser Trend der Anpassung hat unmittelbare Konsequenzen für die politische Ethik in unserer Gesellschaft. In diesem Jahrhundert haben Kirchen mit Königsthronen (Thron und Altar), bürgerlichem Liberalismus (liberale Theologie), mit Sozialismus (Christomarxismus), mit Faschismus und NS-Ideologie (»Deutsche Christen«) gebuhlt und nicht selten sogar als verstärkende Katalysatoren im Prozeß der Verideologisierung der Gesellschaft gewirkt. Das ist ein trauriges Kapitel der Kirchengeschichte, das aber leider noch lange nicht abgeschlossen ist.

Der Trend der Anpassung zielt heute weltweit direkt auf die Mitte des christlichen Glaubens. Aus »Gottvater« soll »Gottmutter« werden. Feministische Theologen und Theologinnen meinen, das »Vater-Sohn-Verhältnis« in der Bibel sei für sie bedrohlich und durch Gewalt gekennzeichnet, in der Bibel werde Gott als ein sich rächender, als ein immer männlicher und oft strafender Vater dargestellt. Man habe Gott als männlich erklärt, aber die Zeit der Männerreligion sei vorbei. Frauen – und nicht nur sie – wollen eine Göttin haben.

Auf einem »Väterkongreß«, der 1990 in Hannover stattfand, hat der katholische Theologe Horst Herrmann, dem 1975 die Lehrerlaubnis entzogen wurde, die Ursache aller Gewalt in der Religion gesehen. Der Gott der Bibel als Vater- oder Männergestalt muß laut Herrmann notwendigerweise ein Kriegsgott sein. Daß die religiöse Variante des Kriegstreiber- und Kriegsgewinnlertums kaum untersucht sei, spreche für die Verhüllungsstrategien der »Werteväter«. Das »Vaterunser« ist für ihn ein sinnfälliges Beispiel für einen Text, der sich mit »Herrschaftsfloskeln aufputzt«. Das Gebet sei »reinster Ausfluß von Herrschaft«. Daß ein Vater im Himmel und der Mensch unten auf der Erde sei, könne nichts anderes bedeuten als Herrschaft – Herrschaft des Menschen über den Menschen im Namen Gottes.

Die Massentreffs der evangelischen Christenheit in Deutschland, die sogenannten »Deutschen Evangelischen Kirchentage«, bringen diese Art von Theologie mit Unterstützung aller Medien unters Volk. Ich habe in meinen Büchern »Der Himmel ist nicht auf Erden, vom Elend des Protestantismus« und »Vom Überlebenskampf des Christentums in Deutschland« über diese Tragödie berichtet und sie vom Standpunkt bibel- und bekenntnistreuer Theologie beurteilt.

Politisch bedeutsam ist vor allem, daß Gott nicht mehr der Schöpfer der Natur ist, sondern daß er analog der Naturmythologie der kanaanäischen Heidenvölker mit der Natur verflochten wird. So meint der Theologe Jürgen Moltmann[16], man dürfe Gott und Natur nicht mehr trennen, sondern müsse Gott in der Natur und die Natur in Gott wahrnehmen. Die Menschen müßten sich wieder in die umfassende Schöpfungsgemeinschaft integrieren, aus der sie sich losgelöst hätten.

Nun kann man noch viel radikalere Töne hören: Gott und Natur sind eins, Mensch und Natur sind eins und zum »Leib Christi«, also zur Gemeinde des Herrn, sollen nicht nur Menschen, sondern auch Tiere gehören. Die gerade gegründete »Aktion Kirche und Tiere« formulierte, die schwächsten Glieder am Leibe Christi seien die Tiere. In dem sogenannten »Glauburger Schuldbekenntnis« bekannten die »Christen« ihr Unrecht und ihre Schuld gegenüber den Tieren.

1990 fand ein Tiergottesdienst am Himmelfahrtstag unter dem Motto »Gott loben – natürlich« auf dem Glauberg statt. Interessant dabei war, daß da eine Pfarrerin Blanke die Tiere in ihrer Predigt als die »geringsten Brüder und Schwestern« bezeichnete. In der damaligen DDR hat ein protestantischer Pfarrer zwei Katzen getauft. Nach Angaben der »Ostthüringer Nachrichten« meinte ein Pfarrer Pöhland, damit den Bewohnern eines Altenpflegeheims in Greiz bei Plauen einen Herzenswunsch erfüllt zu haben. Bei der Feier wies der Theologe darauf hin, daß Menschen und Tiere in der Schöpfung Gottes Geschwister seien. Lange Zeit habe man gemeint, nur der Mensch sei ein Ebenbild Gottes. Inzwischen greife jedoch die Erkenntnis, daß auch Tiere und Pflanzen Kinder Gottes seien.

Ökofreaks und Ökoutopisten, die das Heil in der »Mutter

Natur« suchen, finden bei solchen Theologen, die diesen Trend markieren, eine komplette Ideologie für ihre Aussteigementalität. Daß die Natur grausam und zwiespältig in sich selbst ist, daß sie im Kampf um das Dasein dahinseufzt (Röm 8), wird in diesem Wunschdenken übersehen. Ideologien machen realitätsblind.

Halten wir dabei fest: Während 1988 in Brasilien mehr als drei Millionen Schwangerschaften abgebrochen wurden, bemühen sich Theologen nicht so sehr um den Kampf gegen die Tötung ungeborenen Menschenlebens, sondern um den Nachweis, daß im Grunde Tier und Mensch zum »gleichen Strom des Lebens« und so auch zur Kirche Christi gehören. Die Christen hätten mit ihrem Verständnis des Vatergottes, mit der Unterscheidung zwischen Schöpfer und Schöpfung – so die Propaganda – die Natur und vor allem die nichtmenschlichen Lebewesen unterdrückt.

Heute entsteht so etwas wie eine theologische »Befreiungsbewegung für die Tiere«. Dabei wird übersehen, wie sehr die Gesetze des Alten Testamentes gerade auch die Tiere geschützt haben, die bekanntlich in die Sabbatruhe einbezogen wurden. Aber die Sonderstellung des Menschen als Repräsentation Gottes und die Einsicht, daß die Natur nicht ewig, sondern aus dem Schöpferwillen Gottes entsprungen ist, diese Grunderkenntnisse biblischen Verständnisses des Menschen und der Schöpfung werden offen und schamlos preisgegeben.

Ganz schlicht bedeutet dies doch nichts anderes, als daß an die Stelle eines Gottvaters im Himmel die »Mutter Erde« getreten ist. Das ist ein klarer Rückfall ins naturmythologische Heidentum. Menschliches Leben, das mit tierischem Leben praktisch auf eine Stufe gestellt wird, verliert seine besondere Bedeutung, seine besondere Hochachtung und gerät in Gefahr (wie beim Schwangerschaftsabbruch bereits zu erkennen), verachtet, mißhandelt und schließlich grundlos getötet zu werden.

Hier zeigt sich wieder einmal, daß der Kampf gegen den Gebieter der Gebote zum Bankrott der Humanität führt. Wenn ich an Theologen wie Franz Alt, Hannah Wolf, Christa Mulack, Karl Herbst, Eugen Drewermann und ihren wachsenden Einfluß, an die propagandistische Ausnutzung ihrer Theologie denke, dann habe ich die brennende Sorge, daß wir am Anfang einer zumindest intellektuellen, vielleicht sogar psycho-terroristischen Juden- und Christenverfolgung stehen. Alle, die an Himmel und Erde, an Gott-Vater, an Rache und Gerechtigkeit Gottes, an ein Gericht und an die Wiederkunft Christi glauben, werden doch indirekt angeklagt, Feinde des Menschengeschlechtes und der Natur.

In diesem Zusammenhang muß natürlich auch an den Feminismus erinnert werden, über den allerdings von evangelikaler Seite gute und kritische Bücher geschrieben wurden.[17] In diesem Kapitel geht es allein um die Auswirkungen der feministisch-matriarchalischen Theologie auf die politische Ethik:

1. Der Gott vom Sinai ist für den Feminismus ein eifersüchtiger, tyrannischer, rachsüchtiger Stammesgott. Er ist auf das »Mannsein« fixiert und hindert ganzheitliche Menschheitsentwicklung: Das Nein zu den Geboten des Gebieters allein bringe Freiheit.

2. Dieser »Jahwe des Alten Testamentes« sei der Mörder einer ursprünglichen Muttergottheit. Er habe die emotionale Glücksgefühlsgesellschaft in das Zwangskorsett der Gebote, Zwänge und der Rache geführt. Dieser Gott sei ein krankmachender Gott, weil eine Gesellschaft, die nach den Geboten dieses Gottes lebe, eine kranke Gesellschaft sei.

3. Judentum und Christentum seien verantwortlich für den Ursprung des Patriarchats, den Mord an der »Urmutter Gottheit«. Juden- und Christenverfolgung stehen sprungbereit.

Die praktischen Auswirkungen für die gesellschaftlich-politische Ethik sind diese: Keine Gebote und Verbote. Dafür Eintauchen in die Emotionalität. Gut ist das glücklichmachende Wohlgefühl, das Leben – böse ist alles, was Emotionalität hemmt. Gefühl ist alles, Name nur Schall und Rauch. Gibt es kein »Du sollst«, dann werden rechtsfreie Räume eingefordert.

Die Utopie vom befreienden Aufstand der Emotionalität fasziniert: Gegen Bewußtheit, gegen Individualität – für das Weggeschwemmtwerden im Ozean der Libido, geht der Trend. Der Baalismus ruiniert diese Gesellschaft durch die Droge.

Endzeitliche Perspektive meldet sich für bibeltreue Analyse dieser Gesellschaft: Die Liebe erkaltet, der Mensch der Ungerechtigkeit tritt auf, und die »Hure Babylon«, und das »Tier aus dem Meer«, des Menschen Hausgenossen seine eigenen Feinde werden – alle diese Elemente biblischen Endzeitkatalogs sind schon virulent in der planetarischen Situation dieser sogenannten Wendezeit. Dabei sind die ganz praktischen Auswirkungen dieses Abfalls vom Gebot Gottes auf die Ethik unübersehbar. Schon längst arbeiten Kirchenmänner daran, rituelle Ordnungen aufzustellen, nach denen auch gleichgeschlechtliche Paare den Segen bekommen können. In Dänemark wird dieses bereits unangefochten praktiziert und in der Evangelisch-Lutherischen Kirche Bayerns wird offen darüber diskutiert. Bei einem »Lesben-

Pfingsttreffen« in Tübingen 1990 waren mehrere Gemeinden (darunter auch die berühmte Stiftskirche) bereit, im Bedarfsfall ein eingeschränktes Angebot an Schlafplätzen in nicht öffentlich zugänglichen Räumen zur Verfügung zu stellen.

Aber alle diese Anpassungsversuche an die dem Vatergott verfremdete planetarische Wendezeit, die von den Medien oft bejubelt oder zynisch kommentiert werden, bringt den Kirchen nichts ein. Wer seine Identität verliert, kann auch niemanden mehr überzeugen. Der Beifall kommt von seiten derer, die sich über den Identitätsverlust der Christenheit ohnehin nur freuen, weil sie seit je gegen christliche Identität gelebt haben. Der Untergang der Volkskirche in Deutschland steht bevor. Das gilt insbesondere für die Protestanten. Infragestellung der Kirchensteuer würde den Bankrott dieser Art Kirchlichkeit bedeuten. Aber ein Deutschland ohne Kirche wäre ein verlorenes Deutschland, so wie ein Abendland ohne Christentum kein christliches Abendland mehr wäre.

Tiefe Spuren hat die Ideologie des realen Sozialismus in der Gesellschaft der DDR hinterlassen. Das Institut für Demoskopie in Allensbach hat 1989 in der Bundesrepublik und in der ehemaligen DDR die Frage gestellt: »Wie wichtig ist Gott in ihrem Leben?« Auf diese Frage antworteten 10 % der Befragten der Bundesrepublik, daß ihnen Gott in ihrem Leben völlig unwichtig sei, aber 42 % der Befragten in der DDR waren der Meinung, daß Gott in ihrem Leben völlig unwichtig sei. Zwei Drittel der Bewohner in den neuen Bundesländern haben keine Bindung an die Kirche. In den vierzig Jahren kommunistischer Geschichte ist die Mitgliedszahl in der evangelischen Kirche von etwa 90 % auf ca. 20 % geschrumpft. Nach vertraulichen Mitteilungen ist die geistliche und geistige Lage in diesen so noch bestehenden evangelischen Kirchen in der ehemaligen DDR traurig. Das Interesse an geistigen und geistlichen Jugendveranstaltungen hat weiterhin, auch nach der sogenannten Herbstrevolution, nachgelassen.

Die sogenannte Wiedervereinigung hat in der ehemaligen DDR weder eine christliche Erweckung noch eine geistliche Neubesinnung der Kirche eingebracht. Im Gegenteil, wegen anstehender Kirchensteuer sind noch mehr Bürger aus der Kirche ausgetreten.

So steht es außer allem Zweifel, daß der »christliche Grundwasserspiegel« in Deutschland durch die Wiedervereinigung weiter absinken wird. Zwar sind die Bewegungen für Freiheit und Gerechtigkeit von den Kirchen in der ehemaligen DDR ausgegangen. Aber die Kirchen haben dabei eigentlich keine weitere Rolle gespielt, als daß sie Gebäude zur Verfügung gestellt haben. Die geistige Revolution des Herbstes 1989 ist nicht aus einer christlichen Erweckung heraus geschehen.

Der Revolution gegen die Gebote Gottes, dem Zerfall des biblischen Ethos und der Zerstörung der Gerechtigkeit wird von evangelischen Christen kaum Widerstand entgegengesetzt. Die, die es tun, werden an den Rand des kirchlichen Lebens abgedrängt.

Wie steht es mit den bibeltreuen, bekennenden Christen in diesem Lande? Wie reagieren die Pietisten, jene Stillen im Lande, die ihre Frömmigkeit durch Bekehrung und Wiedergeburt auf guten Grund gestellt haben? Was ist mit dem Aufbruch der sogenannten »Evangelikalen«, die die Zelte und Hallen mit Evangelisationen füllen können? Und welchen Einfluß auf politisches Leben haben die noch existierenden Konfessionellen, die Lutheraner in Deutschland vor allem?

Für politische Ethik im Sinne eines geistlichen Kampfes für Recht und Ordnung ist zur Zeit von all diesen Christenmenschen nicht viel zu erwarten. Da ist dann auf der einen Seite die böse Welt, die der Endzeit entgegengeht und um die es sich nicht mehr lohnt, sie in Ordnung zu bringen. Das Heil wird nur im Blick auf die eigene Person und auf den engsten Lebenskreis der Gemeinde bezogen. Mehr oder weniger sondert man sich von der Welt ab, die man im Grunde genommen für irreparabel hält und von der man annimmt, daß sie sich nach ihren eigenen Gesetzen entwickeln muß.

Daß es auch eine Verkündigung der Gebote, des Rechtes und der Ordnung Gottes geben muß, wird hier kaum bekannt. Das Gesetz Gottes tritt zurück, Kritik an der Gesellschaft gibt es nur sehr selten. Überwiegend geht es bei dieser Art der Verkündigung um persönliches Lebensheil, um persönliche Lebensgestaltung aber nicht um ein politisches Wort an die Gesellschaft. Kaum einer will in Predigt und Evangelisation etwas von politischer Herausforderung und vom politischen Auftrag hören. Politik ist eben »fleischlich« und muß aus der Verkündigung des reinen Evangeliums rausgehalten werden.[18]

Nun spricht aber Jesus von der »Stadt auf dem Berge«, mit der er die Gemeinde vergleicht und die alle Menschen erleuchten soll und die Propheten predigen von dem Berg Zion, auf den alle Völker blicken sollen, um Orientierung für ihr gesellschaftliches Leben zu gewinnen. Evangelium – wir werden das gerade im nächsten Hauptteil dieses Buches zu bedenken haben – hat unbedingt Anspruch auf die Verwirklichung nicht nur im persönlichen, sondern auch im politischen Leben. Aber gerade darüber sind sich die Frommen dieses Landes nicht einig.

6. Kapitel

Stirbt in Europa das Christentum aus?

Bringt diese Wendezeit das Ende des Christentums in Europa? Immerhin bezeichnen sich 65 % der 320 Mio. Einwohner der Europäischen Gemeinschaft als religiös – zumindest glauben sie an Gott. Die Religiösität der Belgier, Deutschen, Luxemburger und Spanier entspricht dabei nach einer Umfrage etwa dem Durchschnitt, während die Bewohner Großbritanniens mit 58 % darunter liegen. Am wenigsten gläubig sind die Franzosen mit 50 %, die Niederländer und die Dänen mit jeweils 48 %. In dieser Umfrage, die die EG-Kommission in Auftrag gegeben hatte, bezeichneten sich 20 % der EG-Bürger als nicht gläubig, 6 % als entschiedene Atheisten, 5 % der Befragten wollten sich nicht festlegen. Der höchste Anteil der Atheisten mit 14 % wurde in Frankreich ermittelt. In der Europäischen Gemeinschaft blieben die Katholiken mit 62,3 % eine Mehrheit, der Anteil der Protestanten liegt bei 21,8 %.

Die christlichen Werte und Gebote werden durch einen europäischen Nihilismus herausgefordert. Wird es jemals wieder zu einer Erweckung kommen? Auf diese Frage antwortet die französische liberale Zeitung »Le Monde« am 21. April 1990: »Ein Europa, das die einstigen christlichen Werte als Grundlage des Denkens wiedererwecken möchte, könnte dies nur um den Preis eines harten Konflikts mit der modernen Gesellschaft tun . . . anstatt von einer utopischen neuchristlichen Welt zu träumen, wäre es klüger, wenn die christliche Botschaft in Übereinstimmung mit der pluralistischen Gesellschaft gebracht würde.«

Also nur um den Preis eines harten Kampfes könnte es zu einer Erweckung kommen. Aber gerade diesen geistigen Kampf sieht man nicht und es stellt sich die Frage, ob die Christen ihn überhaupt führen wollen. Ziehen sie sich nicht in sich selbst zurück? Oder sind sie nicht allzusehr bereit, genau den Wunsch zu erfüllen, den die Zeitung »Le Monde« ausspricht, nämlich sich der pluralistischen Gesellschaft anzupassen? Wäre das nicht genau jener Weg, vor dem die Propheten oder vor dem Jesus warnten, daß man eben nicht gleichzeitig Gott und den Baal anbeten kann?

Während die Schatten des Nihilismus auf Europa fallen und

sich die europäische Gesellschaft immer mehr gegen die noachidischen Gebote erhebt, den Gebieter verleugnet und die Gebote verhöhnt, erhebt sich am südlichen Rande Europas der Islam mit ungebrochener Kraft. Der Islam hat in den letzten fünfzig Jahren seine Anhängerschaft überproportional um 500 % von rund 200 Mio. im Jahre 1932 auf heute eine Milliarde gesteigert. Der Islam ist in allen Staaten der Europäischen Gemeinschaft mittlerweile im Vormarsch. Während der Anteil der praktizierenden Christen in den meisten europäischen Staaten nur noch 10 % beträgt, werden die gegenwärtig 10 Mio. Moslems in Europa religiös immer aktiver. Man ist entschlossen anti-islamische Tendenzen in europäischen Massenmedien aufzuspüren und zu bekämpfen und bemüht sich um die Einführung des islamischen Rechts für die in Westeuropa lebenden Moslems. Etwa die Hälfte aller Moscheebesucher sind Jugendliche. Durch den Niedergang des Sozialismus in Osteuropa hat der Islam auch dort einen ungeheuren Auftrieb bekommen.[19]

7. Kapitel

Es gibt eine Rache des gerechten Gottes – Europa wird den Untergang des Christentums nicht überleben

Die Propheten des Alten Testamentes waren überwiegend Gerichtsprediger. Sie bekämpften die falsch beruhigenden Friedenspropheten, weil eben dort kein Friede sein kann, wo Gott nicht die Ehre gegeben wird. Der Prophet Amos (Am 5,8 ff.) sagte, »der Tag des Herrn« sei nicht ein Tag der Wonne, sondern ein Tag des Gerichtes. Die alttestamentlichen Propheten sahen ihre Aufgabe darin, das Volk daran zu erinnern, daß der Abfall vom Gebote Gottes immer Untergang bedeutet. Sie bekämpften die Träumer und Utopisten, die da meinten, auch ohne oder sogar gegen Gott ein idyllisches Leben in Ruhe, Sicherheit und Frieden genießen zu können.

Heute sagen viele Gleichgültige: Leben wir nicht gut? Haben wir nicht Demokratie und Wohlstand? Gibt es nicht Freiheit und soziale Unterstützung für alle? Viele jüngere Leute, die nur in einer Wohlstandsgesellschaft groß geworden sind, können sich Krisen, Gerichte oder Herausforderungen ohnehin überhaupt nicht mehr vorstellen.

Über alle diese Fragen müßte aber eine andere Frage gestellt werden: Wie lange werden wir das, was wir heute so sehr als Wohlstand schätzen, noch haben?

Dem Eigentum, an dem wir uns erfreuen, stehen gewaltige Verschuldungen gegenüber. Man müßte eigentlich immer merkwürdig berührt sein, wenn von den »reichen Industrieländern des Westens« gesprochen wird. Im Jahre 1980 hatten die USA 900 Mrd. Dollar Staatsverschuldung. Im Jahre 1990 waren es 3 000 Mrd. (3 Billionen). Die Bundesrepublik wird sich noch in diesem Jahrhundert auf eine Staatsverschuldung hinbewegen, die angesichts der Herausforderung des Ostens unübersehbar, phantastisch und für die wirtschaftliche Stabilität bedrohlich ist. Droht ein Crash? Oder eine Umverteilung? Wie sollen die Schulden der Länder der dritten Welt jemals bezahlt werden und wie werden es die hochverschuldeten Industrieländer überleben, wenn sie eben

38

nicht bezahlt werden? Man hat Geld in politische Strukturen hineingepumpt, die nicht dem entsprechen, was wir Gerechtigkeit und freiheitliche Eigentumsordnung nennen. Die Banken der dritten Welt sind nur zu oft Instrumente zur Durchsetzung politischer Ziele gewesen. Die Regierungen zwangen die Banken zur Kreditvergabe an politische Freunde, an privilegierte Industrie- und Agrarbetriebe. Wir werden uns im letzten Hauptteil dieses Buches damit noch beschäftigen müssen. Eigentum und Freiheit sind aber nur im Rahmen einer noachidischen Gerechtigkeit zu haben. Wo sie fehlt, kann mit bloß finanziellen Mitteln eine wirtschaftliche Ordnung nicht aufgebaut werden. Es gibt keine größere Utopie als die »soziale Marktwirtschaft« zum allseligmachenden Götzen zu erheben. In den Industrieländern des Westens leben wir über unsere Verhältnisse, verschwenden Steuergelder und bürden den kommenden Generationen Lasten auf, die diese mit Sicherheit eines Tages nicht mehr tragen wollen.

Der Jahresbericht des Bevölkerungsfonds der Vereinten Nationen kam 1989 zu dem Ergebnis, daß die Geburtenraten der dritten Welt nicht im erwarteten Umfang gesunken sind. Die Grenzen der Belastbarkeit des Planeten wird auf jeden Fall unterhalb der Schwelle von 14 Mrd. Menschen gesehen. Heute kennt niemand die Antwort auf die Frage, wie im Jahre 2025 zum Beispiel fast 95 Mio. Menschen in Ägypten ihren Wasserbedarf decken können, wenn die heute 24 Mio. Einwohner dieses Landes ihre Wasservorräte schon zu 97% ausschöpfen. In der dritten Welt wächst der Energieverbrauch zur Zeit im Durchschnitt zehnmal so schnell wie in den westlichen Industrieländern. Auch hier ist kein Ende des Wachstums des Energieverbrauches abzusehen.

Auch die Umweltzerstörung wird weiter fortschreiten als Folge industrialisierter Überbevölkerung. Der Zeitpunkt ist abzusehen, an dem die Weltbevölkerung auf jene 14 Mrd. steigt, die der Planet gerade noch verkraften kann. Die Zahl der unterernährten Menschen ist von 460 Mio. im Jahre 1980 auf 512 Mio. im Jahre 1990 gestiegen. Am Ende dieses Jahrhunderts rechnet man damit, daß 532 Mio. Bewohner dieses Planeten ständig Hunger leiden. Werden wir dieses alles ertragen können ohne eine geradezu gewaltige Umverteilung gegenwärtiger Eigentumsverhältnisse? Und würde ein solcher Umverteilungsprozeß nicht das Ende der freiheitlichen Demokratie bedeuten? Wird die Technikfeindlichkeit des modernen Naturalismus, über den ich in meinem Buch »Überlebenskampf des Christentums in Deutschland« schrieb, die Katastrophe nicht noch beschleunigen?

Das sind Klagelieder, die angesichts bitterer Realitäten gesungen werden. Nun geht es aber nicht nur darum, Klagelieder zu singen. Vielmehr ist die Einsicht wichtig, daß noachidisches Ordnungs- und Gerechtigkeitsdenken verpflichtend für diesen Planeten wird. Die noch christlichen Industrieländer können und dürfen nicht nur Waren exportieren, sondern sie müssen in gleicher Weise den Sinn für jene Ordnung und jene Gerechtigkeit erwecken, die Voraussetzung dafür waren, daß es in diesen Ländern überhaupt zu einem Wirtschaftsaufbruch kommen konnte.

Darum berührt der Aufstand gegen die Gebote Gottes die Basis unseres Lebens. Ein Beispiel: Schon heute gehen die Familien kaputt. Es gibt politische Parteien, die offen in ihrem Parteiprogramm bekunden, daß Ehe und Familie jeweils nur eine zeitlich beschränkte Ausdrucksform menschlichen Zusammenlebens seien. In der Bundesrepublik Deutschland wird jede dritte Ehe geschieden (eine Million Ehescheidungen pro Jahr) und 2,5 Mio. leben in Partnerschaften, die im bewußten Nein zur Ehe und Familie eingegangen werden.

Es stellt sich die Frage, warum unbedingt Kinder in Kinderkrippen und Kindergärten erzogen werden und eines Tages alte Menschen in »Alterskrippen« sterben müssen. An die Stelle der Familie tritt das Kollektiv – das Geld und abermals Geld für seine »Dienstleistungen« einfordert. Am Anfang bei der Kinderkrippe steht die kollektive Betreuung – sie wird auch am Ende des Lebens, bei der »Alterskrippe« stehen. Obwohl 90 % aller alten Menschen sich wünschen, in der Familie zu sterben, geht der Trend angesichts der Zerstörung der Familie dahin, daß alte Menschen in Zukunft wohl nur noch in kollektiver Betreuung des öffentlichen Dienstes ihr Leben beenden können. Zerstörung der Familie, des Eigentums, des ungeborenen Lebens, vielleicht auch bald des alten Lebens – das sind die düsteren Wolken, die am Horizont der planetarischen Zukunft auftauchen.

An die Stelle des einen Gottes, dem gegenüber man in Gewissensbindung verpflichtet ist, tritt die »Gesellschaft« als ein Götze, der alle Maßstäbe setzt. Der sogenannte reale Sozialismus des Ostens scheint überwunden zu sein, der reale Kollektivismus des Westens ist munter im Kommen. Die Konsequenz wird die totale Vergesellschaftung unseres Daseins. Hieß es einst: »Ich habe dich bei deinem Namen gerufen, du bist mein!«, wird es bald heißen: »Warte, bis deine Nummer aufgerufen wird!«

Die Gesellschaft des alttestamentlichen Gottesvolkes war eine Gesellschaft, die sich auf Familien aufbaute. Es waren Väter, die

die Familie leiteten und das Geschick der Gesellschaft bestimmten. Die Familien waren der Grundstein der Gesellschaft. Die Zerstörung der Familie wird diese Struktur radikal ändern. Die Vereinzelung bedeutet Entwurzelung, »unbehaustes Dasein«. Der einzelne findet nicht mehr die Geborgenheit in der Familie, sondern in der Droge. Wer gegen Gottes Gebot lebt, gegen den ist das Leben. Wer das Leben gegen sich hat, wird erfahren, was Rache Gottes bedeutet.

8. Kapitel

Wir brauchen die politische Predigt
für eine christliche Ordnungspolitik

Viele erschrecken, wenn sie von »politischer Predigt« hören. Politische Predigt ist man gewohnt als linke, sozialistische, modernistische Propaganda. Aber haben wir je daran gedacht, daß es auch eine politische Predigt gibt, die die Gebote Gottes zum Inhalt hat? Es geht doch nicht darum ob, sondern wie eine politische Predigt gehalten wird. Sollten wir die politische Predigt nur den sogenannten »Linken« überlassen?

Für einen Augenblick lohnt es sich, Ursprung und Höhepunkt politischer Gottesdienste dieser sogenannten »linken Szene« in Erinnerung zu rufen. Politische Gottesdienste haben ihre klassische Ausprägung gefunden im »politischen Nachtgebet«, das seit Ende der sechziger Jahre in der Antoniterkirche zu Köln gehalten wurde. Diese politischen Gottesdienste bestanden aus Informationen über ein aktuelles politisches Thema, Bibelworte, die zunächst vorgelesen und dann in die Situation übertragen wurden. Auch das »Sündenbekenntnis« hatte unmittelbaren Bezug zum politischen Zeitgeschehen. Zum Beispiel:

> »Wir haben nicht gelernt,
> sorgfältig und genau zu unterscheiden
> zwischen dem Kommunismus und dem Stalinismus,
> zwischen der Sozialisierung des Eigentums
> und der blinden Gewalt der Panzer . . .«

Das dann auf diese Ansprache folgende Gebet bezog sich wieder auf direkte politische Inhalte:

> ». . . wir haben es nicht vermocht, die Angst der sozialistischen Länder vor uns aufzulösen und ihr Vertrauen zu wecken. Laßt uns nicht in ein neues Gefühl der Überlegenheit verfallen und in einen neuen Antikommunismus, der die Fronten des kalten Krieges wieder aufbaut.
> Wir bitten dich, erhöre uns . . .

bewahre uns Christen davor, eine religiöse Sprache zu sprechen, die ohne politische und soziale Konsequenzen bleibt ...«

Auf dieses Gebet folgte dann das »Glaubensbekenntnis«, in dem es unter anderem hieß:

»Ich glaube an Jesus Christus,
der Recht hatte als
ein einzelner, der nichts machen kann,
genau wie wir, an der Veränderung aller Zustände arbeitete
und darüber zugrunde ging ...«

Diese und andere für uns heute unglaublichen Texte kann man nachlesen in dem Buch »Politisches Nachtgebet in Köln«, 4. Aufl. des ersten Bandes 1970. Ein zweiter Band erschien 1971. Man bedenke: Damals wurde es als Schuld verstanden, daß man es nicht vermocht habe, »die Angst der sozialistischen Länder vor uns aufzulösen ...« Wie stellt sich diese Gestalt eines politischen Gottesdienstes für uns heute im Jahr 1992 dar?

Ob die damaligen Revolutionstheologen eine richtige Einschätzung der politischen Realitäten hatten, ist die eine Frage. Ob sie überhaupt Realitäten abschätzen können, auch die Realität der Feindschaft des Menschen gegen Gott, die Gewalt des Bösen, ob sie nicht durch enthusiastisches Wunschdenken die Wirklichkeit überhaupt überspielen, die gerade durch den Realitätssinn der Bibel immer wieder aufgedeckt wird, ist eine zweite Frage.

Der Christ kann sich eine Änderung der Misere der Welt nicht vorstellen, ohne eine Umkehr zu dem, was sich in der Bibel als das Gesetz Gottes darstellt. In der Auseinandersetzung um den § 218 zu Beginn der siebziger Jahre sagten mir Politiker, sie könnten kein Gesetz gegen das Volk machen, kein Recht praktizieren, das vom Volk nicht anerkannt wird. Damit meinte man doch: Wenn in einer Gesellschaft bestimmte Moral- und Rechtsnormen zusammenbrechen, dann kann keine äußere Gesetzgebung diesen Zerfall aufhalten. Viele verantwortliche Politiker haben damals zu mir gesagt, es wäre für unsere Gesellschaft wichtig, ja gerade lebensnotwendig, wenn die Kirche, statt die Probleme einer imaginären Zukunft und deren gesellschaftliche Strukturen zu besorgen, sich lieber der sittlichen Auflösung unseres Volkes annehmen würde, denn jede

Politik sei letztlich auch die Konsequenz des moralischen Niveaus einer Gesellschaft. –

Wie recht diese Politiker damals hatten. Wie wenig hat die Kirche ihre Stimme für Recht und für das Gebot Gottes erhoben?

Heute wie damals stehen wir – ganz simpel gesprochen – in der Entscheidung zwischen Umkehr oder Zerfall mit den Konsequenzen der Auflösung der Gesellschaft und einer kommenden Diktatur. Die Puritaner Amerikas, die aus ihrem strengen Ethos im 18. Jahrhundert eine relativ freie und gerechte Gesellschaft aufbauten, wußten, daß ohne Selbstzucht, Opfer und Selbstüberwindung, ohne Ehrfurcht vor Gott und seiner Ordnung Freiheit nicht sein kann.[20]

Schon in meinem Buch »Die politische Herausforderung des Christen«, das 1972 erschien, warnte ich davor, daß die politische Predigt in den evangelischen Kirchen, so wie sie durch die Medien gern verbreitet wurde, mehr durch Utopie als durch biblisches Ordnungsdenken motiviert war.

In den achtziger Jahren wurde dann die soziale Utopie der linken Kirchlichkeit mit der Ökoutopie verschmolzen: Nun ging es nicht mehr um die Befreiung des Menschen aus Herrschaftsstrukturen, sondern auch um die Befreiung der Natur aus der Herrschaft des Menschen. Summa summarum wäre das eine öko-sozialistische Utopie klassischer Prägung, mit der wir es heute zu tun haben und wie sie insbesondere auf den Kirchentagen der achtziger Jahre propagiert wurde.

Politische Predigt als Verkündigung des biblischen Ordnungsethos bedeutet, daß der Schutz des Lebens, auch des ungeborenen Lebens und vor allem auch des »alten« Lebens, garantiert wird. Politische Predigt bedeutet die Verneinung von Utopie und Ideologie, wie in diesem Kapitel skizziert. Politische Predigt bedeutet die Bewahrung der Familie und der Ehe, sie bedeutet die Verpflichtung der Massenmedien zur Wahrheit. Sie bedeutet Autorität des Rechtsstaates und Erinnerung daran, daß die Alternative zur Autorität nur das Chaos sein kann. Politische Predigt bedeutet die Verneinung all jener Parteien, die das Kollektiv über das Individuum setzen, die kollektiv-bürokratische Verwaltung des Eigentums anstreben, Familie und Ehe nicht um jeden Preis schützen wollen, die nicht bereit sind, für die Gerechtigkeit der noachidischen Gebote zu kämpfen. Politische Predigt wendet sich gegen Politiker, die rechtsfreie Räume dulden, also vor dem Unrecht kapituliert haben und es zulassen, daß in den Großstädten Europas das Unrecht, die Gewalt und der Terror triumphieren.

Man überlege sich genau, was die Kapitulation vor dem Unrecht für den »einfachen Mann« bedeutet. Sieht er, daß ein Rechtsstaat vor dem Unrecht kapituliert, wird sein Zweifel am Rechtsstaat zur Angst vor der Gesellschaft und sogar vor dem Mitmenschen. Wo man Diebstählen und Vergewaltigungen (um nur diese sogenannten »harmlosen« Beispiele zu nennen) mehr oder weniger hilf- und tatenlos zusieht, verliert der Bürger sein Vertrauen in das Recht. Schlimmeres aber kann gar nicht passieren. Denn wo das Vertrauen ins Recht verlorengeht, da wird nicht nur die Gesellschaft, sondern das Personsein des Menschen selbst chaotisiert.

Ich wiederhole hier noch einmal Dietrich Bonhoeffers Aussage, daß derjenige, der dem Chaos nicht von Anfang an entgegentritt, schließlich sein Opfer wird. Mir scheint, daß wir diesen Punkt bald erreicht haben: Wir widerstehen nicht, sondern werden Opfer.

Politische Predigt im Sinne eines biblischen Ordnungsethos meint keinesfalls, daß alles so bleiben soll wie es ist. Politische Predigt der Gebote ist revolutionär in dem Sinne, daß sie gegen das Unrecht und für das Recht kämpfen will. Im zweiten Hauptteil dieses Buches wird dieses Anliegen sehr deutlich werden.

Wenn christliche Politiker sich dem Trend der Gebotsverneinung anpassen, um Wählerstimmen zu gewinnen, verlieren sie gerade die Menschen, auf die sie zu allererst ihre Hoffnung setzten. Eine Kirche, die ihre Identität verliert, ist unfähig, Mission zu treiben. Eine politische Partei, die sich als christliche Partei verstehen will und ihre Identität preisgibt, ist unfähig, Menschen für die staatserhaltende Gerechtigkeit zu gewinnen. Klar und unmißverständlich muß sich eine christliche Politik für die »Demokratie der Zehn Gebote« einsetzen. Zu einer christlichen Identität in diesem Sinne gibt es keine Alternative.

Christliche Politiker sollen und können keine Bekehrungs- oder Wiedergeburtspredigten halten. Aber sie sollen dazu bereit sein, um jeden Preis, auch um den Preis, eine Minderheitenpartei zu werden, für Gerechtigkeit und Ordnung zu kämpfen. Optimismus um jeden Preis, also Versprechungen ohne jede Basis, ein Populismus, der nur an Mehrheiten denkt, ist nicht nur unchristlich, sondern widersinnig, weil er nur zu bald durchschaut und entlarvt wird. Es gibt in unseren westlichen Demokratien eine gewisse politische Mündigkeit, die sich nicht so leicht täuschen läßt, wie manch einer hoffen oder denken mag.

Eine christliche Politik sollte gerade durch Realismus, auch durch Warnungen überzeugen. Die Menschen in unserer westlichen Gesellschaft schätzen Realitäten viel klarer ein als populistische Politiker meinen. Oberflächlicher Optimismus stößt ab. Die Aufgabe einer christlichen Politik liegt darin, in realistischer Weise jene Menschen zusammenzurufen, die noch ein Gespür haben für die Gerechtigkeit Gottes, denn ohne diese Gerechtigkeit können wir nicht überleben.

In einer Demokratie geht es nicht ohne politische Kompromisse. Parteien, die regierungsfähig sein wollen, müssen Kompromisse eingehen, soweit es nicht ihre Substanz berührt. Aber sie müssen diese Kompromisse deutlich machen und erklären können, was es bedeutet, auf Verwirklichung ursprünglicher Ziele zu verzichten. In diesem Zusammenhang wird ein christlicher Politiker erfahren, was Schuldübernahme bedeutet und wie sehr er die Vergebung nötig hat. Darüber hinaus wird ein christlicher Politiker lernen, leiden zu müssen und erfahren, was Versöhnung mit Gott bedeutet. Im dritten Hauptteil werden wir darauf ausführlicher eingehen.

II. DIE POLITISCHE KONSEQUENZ DES CHRISTUSGLAUBENS

1. Kapitel

Flucht vor der politischen Verantwortung ist Heilsegoismus

Die politische Predigt ist heute immer noch weitgehend eine Angelegenheit progressiver, das heißt christomarxistischer, feministischer oder ökosozialistischer Gruppierungen. Diese Tatsache hat Konservative, Evangelikale, Bibeltreue, Bekenntnistreue (oder wie immer man die antimodernistische Opposition nennen mag) leider davon abgehalten, auf die jeweils politische Herausforderung unserer Zeit eine klare Antwort zu geben. Aber nicht nur diese Tatsache, daß politische Predigt zu einer Angelegenheit der sogenannten linken Szene wurde, sondern die bittere Last der Vergangenheit macht es traditionsgebundenen Christen außerordentlich schwer, gerade als Christen auf politischer Ebene Rede und Antwort zu stehen. Praktisch sieht das im Blick auf die Wirklichkeit konservativer Frömmigkeitspraxis so aus, daß Gemeinde und Welt einander mehr oder weniger schroff gegenüberstehen. Die ganz persönlich erfahrene Hinwendung zu Gott in Bekehrung und Wiedergeburt läßt die Welt überwinden, aber nicht verändern.

Viele ernsthafte, in dieser Tradition groß gewordenen Christenmenschen fühlen sich ja gerade aus der Welt heraus errettet, wie Noah aus der Sintflut in seiner Arche. Wäre es nicht Sünde, sich da noch in der sündigen Welt zu engagieren? Mission, Liebestätigkeit, Barmherzigkeit – ja, das wurde und wird bewirkt, das sind Inseln der Rettung im Ozean einer verlorenen Welt. Aber politisches Engagement als Veränderung dieser Welt, aus der heraus man ja gerade gerettet wurde, scheint nach dieser Logik des Heilsweges sinnlos.

Bekehrt und wiedergeboren werden kann ohnehin nur der einzelne, aber nicht eine Gesellschaft. Und ist diese Gesellschaft, so wie sie sich heute darstellt, nicht ganz und gar auf dem Wege des Bösen? Fallen nicht schon die Schatten der Endzeit auf diese Welt? Steht nicht die Erwartung der Wiederkunft Christi vor der Tür? Warum soll man eine Welt verändern, die dem Endgericht entgegengeht?

Ist darüber hinaus Politik nicht ein schmutziges Geschäft? Geht es da nicht um gottlose Macht, um faule Kompromisse, Anwendung von Lug, Trug und List? Bringt politisches Leben nicht letztlich doch verweltlichtes Leben? Und wie soll man denn die Bergpredigt mit ihrer Verkündigung der Feindes- und Nächstenliebe und des Machtverzichtes mit Politik, in der es doch immer um Macht geht, in Einklang bringen?

Und wer will denn in der Gemeinde überhaupt etwas von Politik hören? Ist nicht das persönliche Heil wichtiger als das grausam Alltägliche politischer Querelen? Sind die Bekehrten und Wiedergeborenen nicht letztendlich Schutzsuchende, die Geborgenheit suchen, aber eben nicht verantwortlich entscheiden und handeln wollen?

In Bibel- und Gebetsstunden, im Gottesdienst und in der Evangelisation, ist also das Thema Politik bei der überwiegenden Mehrheit der sogenannten Evangelikalen fast ein Tabu. Vielleicht redet man noch über Abtreibung und sexuelle Probleme im Schulunterricht – aber die brennenden Themen aktueller Politik bleiben außerhalb des Gemeindelebens und dem einzelnen Christen bleibt es selbst überlassen, ob überhaupt oder wie er mit dem politischen Alltag fertig werden will. Christliche Politik oder das Schwergewicht des christlichen Maßstabes in der Politik wird deshalb immer bedeutungsloser, weil bekennende Christen sich der politischen Verantwortung entziehen und die Politiker allein lassen.

Vergessen wird, daß die politische Herausforderung so oder so kommt. Die Vergesellschaftung des Lebens als Zerstörung der Familie wird auch in konservativen christlichen Bereichen spürbar. Der Schwangerschaftsabbruch kann eine Krankenschwester direkt provozieren, wenn sie bei einer Verweigerung der Assistenz bei einer Abtreibung wegen unterlassener Hilfeleistung oder Verweigerung im Dienst entlassen oder gar angeklagt wird. Wer zum Wehrdienst einberufen wird, wer mit oder unter Asylanten leben muß, wer seines Lebens in rechtsfreien Räumen unserer großen Städte nicht mehr sicher ist, wer arbeitslos wird, wer Steuern zahlt, über deren Verwendung er zunächst in stumme Verzweiflung geraten kann, wer am Tage der Wahl auf dem Wahlzettel sein

Kreuz machen muß – immer wird er als Christ täglich bewußt oder unbewußt politisch in Anspruch genommen und letztendlich sogar vor eine politische Entscheidung gestellt.

Weil Christen nicht auf einer Insel der Seligen, sondern mitten in einer christentumsverfremdeten Gesellschaft leben, ist die politische Existenz des Christen eine Tatsache, und die Verneinung der politischen Verantwortung pure Heuchelei. In einem demokratischen Staatswesen tragen Christen, ob sie es nun wollen oder nicht, Mitverantwortung für das sogenannte weltliche Regiment. Wer sich dieser Aufgabe entzieht, wird seiner Berufung nicht gerecht. Er flieht vor einem von Gott gegebenen Auftrag, so wie Jona vor dem Auftrag floh, die Stadt Ninive zur Umkehr zu rufen.

Viele Christen wissen nicht, daß Gottes Gebot auch für die Nichtchristen gilt. Erinnert sei an das noachidische Gebot, über das im ersten Hauptteil geschrieben wurde. Viele Protestanten dispensieren sich[22] vom Gebot Gottes, weil sie meinen, daß der Heilige Geist in Liebe und zur Liebe sie so führe, daß das Gesetz Gottes für ihr Leben persönlich und in der Gesellschaft keine Bedeutung mehr hat.[23] Wieder andere sind der Auffassung, daß die Bergpredigt für die Gegenwart keine Bedeutung habe, weil sie erst in der Zukunft, im messianischen Reich erfüllbar wäre.

Die Irritationen werden begleitet durch bittere Erfahrungen mit solchen Christen, die sich als bekehrt und wiedergeboren verstehen, aber ein sehr unordentliches Leben führen. An die schockierenden Sex- und Unterschlagungsskandale erfolgreicher Starprediger der »Electronic-Church« in den USA soll hier nicht noch einmal erinnert werden. Aber es meldet sich die Frage, ob das nicht doch etwa der Gipfel eines Eisberges sei? Glaubensfreude, Wundererfahrung, Wiedergeburtserlebnisse, Bekehrungseifer auf der einen – aber unordentliches Sexualleben, Ehebruch, unanständige Geschäftemacherei, Star- und Karrierestreben auf der anderen Seite präsentieren sehr oft eine unbiblische Lebenshaltung und Denkweise.

Wenn es also schon bei vielen Christen eine bis zur Unsittlichkeit ausgreifende Unklarheit über das Gebot Gottes gibt, wer will sich dann noch wundern, daß man sich im politischen Bereich bei vielen sogenannten Evangelikalen uneinig darüber ist, ob und wie politischen Herausforderungen dieser Zeit mit dem Worte Gottes begegnet werden kann. Wir müssen wieder lernen, daß – wie der Apostel Jakobus es ausdrückte – der Glaube tot ist ohne Werke, daß man – nach den Worten Jesu – einen fruchtbaren Baum nur an seinen Früchten erkennen kann (Jak 2,14-26).

In unserer Konsumgesellschaft kann auch Religion zu einem Konsumartikel werden. Religion, auch »christliche Religion«, wird gebraucht oder verbraucht zur Selbstverwirklichung. Der Gottesdienst wird dabei zum Genuß, zu einem Wohlfühlerlebnis in einer Gemeinschaft, die erhebende Stimmung genießt. Glaube an den jeweiligen »Privatgott«, eine Art Weihnachtsmann oder »metaphysischen Osterhasen« wird Instrument zur Selbstverwirklichung. Wenn ich den Allerhöchsten auf meiner Seite habe, dann muß wohl auch das persönliche Leben als ein allerhöchstes Leben nach heilsegoistischen Wünschen positiv funktionieren. Pleiten im Beruf, Pannen in der Familie, böse Krankheiten müßten dann ausbleiben oder behoben werden. Und wer sollte ausschließen, daß man einen guten Parkplatz in der City bekommt, wenn man den Lenker aller Weltgeschehnisse durch inbrünstiges Gebet auf seine Seite gebracht hat? Der Gott, der Wunder wirkt, sollte auch in privaten, eben als Privatgott, jeweils große und kleine Wunder tun.

Politischen Populismus nennen wir den Weg gesinnungsloser Anpassung an das Bedürfnis der Wählermassen. Populistische Politiker sind nur Parteipolitiker und keine Staatsmänner. Sie treiben langfristig den Staat in den Ruin. Sie haben keine Perspektive, weil sie nur von einer bis zur nächsten Wahl denken können. Aber vergessen wir nicht, daß es auch populistische Prediger gibt, die an den Erfolg ihrer Evangelisationsabende denken und in populistischer Weise »Bedürfnisreligion« befriedigen, aber den Menschen nicht sagen, was das biblische Wort aufträgt, sondern was die Leute nur allzugerne hören möchten.

Diese Art religiöser Selbstverwirklichung ist der Affe wahren Christentums. Sie ist unfähig zur Buße, zur Umkehr, zur Sinnesänderung, die nur aus einem neuen Leben entspringen kann. Für diese Art religiösen Genusses ist Christentum ein Haben und nicht ein Werden. Aber gerade das Werden hat Luther gemeint, als er in der ersten seiner 95 Thesen vom 31. Oktober 1517 schrieb: »Da unser Herr und Meister Jesus sprach: Tut Buße usw., wollte er, daß das ganze Leben der Gläubigen eine beständige Buße sei.« Christliches Leben ist also ein Werden oder eine beständige Umkehr. Auch das ist Protest gegen populistische Konsumreligion, wenn es in einer der letzten Thesen heißt: »Ermahnen soll man die Christen, sie mögen sich bemühen, ihrem Haupt Christus durch Mühsale, Tod und Hölle nachzufolgen und sodann vertrauen, daß sie eher durch viel Trübsal in den Himmel eingehen als durch die Ruhe eines falschen Friedens.«

Es war Dietrich Bonhoeffer, der Glaube und Gehorsam, Glaube und Handeln wieder in ein echtes Zueinander gebracht hat: »Der Glaubende ist gehorsam und der Gehorsame glaubt.« Das Leiden des Christen ist nicht nur ein Leiden an sich selbst, keine Selbstquälerei oder Selbstverbitterung, sondern – so schrieb er am 28. Juli 1944[24] eine Fortsetzung seiner Tat als eine Vollendung der Freiheit.

Ich erinnere noch einmal: Im Advent 1943 schrieb Bonhoeffer: »Nur wenn man das Gesetz Gottes über sich gelten läßt, darf man wohl auch einmal von Gnade sprechen.«[25] Der Christ darf also das letzte Wort der Gnade nicht vor dem vorletzten Wort der Gerechtigkeit sprechen. Alles andere wäre billige Gnade und die billige Gnade ist der Tod der Gerechtigkeit, der Kirche und der Gesellschaft.

Der Kampf für die Gerechtigkeit als politischer Auftrag versteht sich also als Nachfolge Christi. Bonhoeffers Widerstand gegen die Ungerechtigkeit eines totalitären Regimes ist Christusnachfolge gewesen. In seinem Buch »Nachfolge« schrieb er: »Es ist wichtig, daß Jesus Jünger auch dort selig preist, wo sie nicht unmittelbar um des Bekenntnisses zu seinem Namen willen, sondern um einer gerechten Sache willen leiden.«[26] Aber schon 1932 sagte er in einer Predigt[27] über den künftigen Märtyrer voraus: »Aber dieses Blut wird nicht so unschuldig und leuchtend sein wie jenes der ersten Zeugen. Auf unserem Blut läge große eigene Schuld: Die Schuld des unnützen Knechtes, der herausgeworfen wird in die Finsternis.« Wenn Bonhoeffer wegen seines Kampfes um die Gerechtigkeit in der Nachfolge Christi sein Leben lassen mußte, dann starb er als Märtyrer, eben als Zeuge der Gerechtigkeit, die in Christus offenbar geworden ist.

Evangelikale Christen haben an diesem Punkt ihre Probleme. So schreibt ein evangelikaler Kritiker meines Buches über Dietrich Bonhoeffer: »Bonhoeffer kommt mit überredenden Worten eines ›Gott ist mit uns am Abend und am Morgen‹, stirbt aber den gerechten Tod eines Rebellen gegen die Obrigkeit (Röm 13,2). Niemand war weiter vom christlichen Märtyrertod entfernt als er.«[28]

Wenn man die letzte Betrachtung mehr als eine »vulgär-evangelikale« charakterisieren würde, müssen doch die Ausführungen eines prominenten Mitgliedes der Bekenntnisbewegung »Kein anderes Evangelium«, des Pastors Affeld in Osnabrück, durchaus ernst genommen werden, wenn er schreibt: »Huntemann hat aus Bonhoeffer einen christlichen Märtyrer gemacht. Viele halten ihn jedoch für einen pazifistischen-reaktionären Aktivisten. Ein christlicher Märtyrer stirbt für seinen Glauben an Jesus Christus. Bonhoeffer aber ist an den politischen Folgen seines Glaubens gestorben, Folgen, zu denen auch andere ohne christliche Glaubensbegründung gekommen sind. Ist er dann nicht doch ein politischer Märtyrer?« Dieser Theologe schreibt dann weiter: »Der Märtyrerbegriff bei Huntemann bezieht sich nicht nur auf das Bekenntnis des Christen, sondern auch auf alle Bereiche der Nachfolge und des Lebens.«[29]

Nun geht es hier nicht um den »Märtyrerbegriff Huntemanns«, sondern um das Verständnis des Martyriums in der Kirche überhaupt. Und Märtyrer ist nicht, nur wer für den Glauben, sondern auch, wer für die Tugend des Glaubens sein Leben hingibt. Die Nachfolge Christi meint nicht nur Glauben, sondern auch Tun. Also wird deutlich, wie sehr etliche Evangelikale zwischen Glauben und Bekenntnis auf der einen und der Wirklichkeit der Nachfolge im Leben auf der anderen Seite eine unheilvolle Trennung vollziehen. Da werden Wirklichkeitsbereiche aus der Nachfolge und aus dem christlichen Leben so sehr ausgeklammert, daß man sich fragen muß, ob dann christliche Existenz nur noch in der Kirche oder im Evangelisationszelt, in der Gebetsgemeinschaft oder im Hauskreis gelebt werden kann.

Die unheilvolle Trennung von Lebenswirklichkeit, Politik und Christusnachfolge ist eine tödliche Gefahr gerade für die frommen Christenmenschen in Deutschland. Darum sollten sie sich von Bonhoeffer belehren lassen. Ein Beispiel: Detlef Dädelow, ein ehemaliges Mitglied der Bekennenden Kirche im Dritten Reich, schrieb an die Zeitschrift »Evangelische Sammlung«[30]: »In meinem Elternhaus wurde mit hochkarätigen, inzwischen verstorbenen Kirchenmännern darüber beraten, ob Bonhoeffers Bitte an die Bekennende Kirche um Segen und kirchliche Absolution für sein Vorhaben biblisch gerechtfertigt sei. Das wurde nach Prüfung an der Heiligen Schrift verneint. Menschliches Verständnis und seelsorgerliche Betreuung wurde Bonhoeffer jedoch nicht versagt. Gerade wer das Dritte Reich durchleben mußte, wird Bonhoeffers Handeln aus weltlicher Sicht verstehen; aus biblischer Sicht aber ist er kein kirchlicher, sondern ein politischer Märtyrer.«

Auch in diesem Zeugnis – aus der ehemals Bekennenden Kirche selbst – zeigt sich die geradezu schizophrene Aufspaltung zwischen Christusnachfolge und den übrigen Wirklichkeitsbereichen in Politik und Gesellschaft.[31]

Bleiben wir bei dem Beispiel Bonhoeffer: Es ist doch klar, Bonhoeffer wurde motiviert durch seinen Gehorsam gegenüber dem Worte Gottes. Sein christlicher Glaube, sein christliches Ordnungsethos stand gegen die ideologisch totalitäre Herausforderung. Als christlicher Zeuge hat er in der Wirklichkeit des Lebens – nicht bloß im religiösen Akt – politisch gedacht und gehandelt. Christliches Zeugnis und politisches Handeln schließen einander nicht aus. Bei den Propheten des Alten Testamentes ist es nicht anders gewesen. Hermann Cohen sagt schlicht und einfach (»Die Religion der Vernunft aus den Quellen des Judentums«), daß die Propheten Politiker gewesen sind. Das biblische Zueinander von Glauben und politisch-ethischer Verantwortung wird im evangelikalen Bereich – und nicht nur hier – leider nur zu oft übersehen. Auch das Nein der urchristlichen Märtyrer war ein politisches Nein, denn das Weihrauchopfer vor den Kaiserbildern war zweifellos ein politischer Akt. Ist der Christ, der für jene Gerechtigkeit stirbt, die im Ethos der Bibel offenbar geworden ist, etwa kein Märtyrer? Die Urchristen wollten dem Kaiser keine Opfer bringen – Dietrich Bonhoeffer wollte keinen Holocaust dem Adolf Hitler zugestehen.[32]

In der Nachfolge Christi ist Dietrich Bonhoeffer in den Widerstand gegen Hitler hineingeraten. Es war durchaus nicht so, daß er sich »eines Tages entschlossen hätte, Politiker zu werden«. Die Bonhoeffer-Forschung hat nachgewiesen, daß vor allem die sich anbahnende Vernichtung des Judentums es war, die ihn in immer näheren Kontakt mit der Widerstandsbewegung brachte.[33] Bonhoeffer gehörte – nicht zuletzt durch seine Familie – zu den wenigen, die einen Einblick in Hintergründe gewinnen konnten, die den meisten Deutschen verborgen blieben. Es war der Appell des Gewissens, der Gehorsam gegenüber der Gerechtigkeit Gottes, die ihn zum politischen Handeln motivierte. In der Nachfolge Jesu hatte er gelernt, daß es darum geht, sich für die »Geringsten seiner Brüder« einzusetzen. Und noch einmal: Nicht nur der erlittene Tod für den Glauben, sondern auch für eine christliche Tugend[34] ist nach alter christlicher Tradition ein Märtyrertod. Und diese Tugenden sollten wir nicht nur in der Verwirklichung unseres persönlichen Lebens sehen, sondern eben auch in der politischen Verantwortung als Kampf für die Gerechtigkeit.

Es ist nun entscheidend, daß Christen heute, wollen sie sich politisch verantworten, erkennen und erfahren, was diese christliche Gerechtigkeit heute meint.

2. Kapitel

Der politische Auftrag Christi
zwischen Ankunft und Wiederkunft

Es wäre nicht nur einseitig, sondern sogar eine Verkehrung des Evangeliums, wenn man Verkündigung und Heilstat Christi ausschließlich als eine politische Verwirklichung mißverstehen würde. Christus ist kein politischer Messias, kein Zelot und auch kein politischer Befreiungstheologe, sondern der Heiland der Welt im ganz umfassenden Sinne dieses Wortes. Aber das Heilshandeln Christi hat eine politische Dimension, eine politische Konsequenz oder – noch besser formuliert – einen politischen Auftrag, und um diesen politischen Auftrag geht es in diesem Buch.

Weil sich dieses Buch auf die politischen Konsequenzen des Christusglaubens beschränkt, können diese auch nur in dieser Selbstbeschränkung verstanden werden. Daß Christus jeweils und vor allem unser persönlicher Retter, Heiland, Versöhner und Erlöser ist, wird als eine christliche Selbstverständlichkeit auch in diesem Buch vorausgesetzt.

Die politischen Erwartungen und Verheißungen in den Evangelien sind allerdings eindeutig. Im Lobgesang der Maria (Lk 1,52) hören wir die frohe Botschaft:

«Machthaber stürzt er von ihrem Thron und Niedrige hebt er hoch hinauf. Hungrige sättigt er mit Gütern, und Reiche läßt er leer ausgehen.« Es wäre dem Text zuwider, wenn diese Aussage spiritualisiert würde. Die konkreten politischen Aussagen sind als solche unübersehbar und auch nicht umzudeuten. Das sogenannte Magnificat hat große Ähnlichkeit mit den messianischen Psalmen des Alten Testamentes, bei denen es jeweils um eine ganz konkrete – auch politisch konkrete – Messiaserwartung geht.

Auch Zacharias, der Vater des Johannes des Täufers (im sogenannten »Benedictus«, Lk 1,71) freut sich der Gewißheit, daß der Messias, »uns errettet von unseren Feinden und aus der Hand aller, die uns hassen . . . daß wir erlöst aus der Hand unserer Feinde ihm dienten ohne Furcht unser Leben lang in Heiligkeit und Gerechtigkeit vor seinen Augen« (1,74–75) und bei der »Darstellung Jesu im Tempel« (nach der Beschneidung Jesu, also acht Tage nach seiner Geburt, war Maria weitere 33 Tage kultisch unrein, durfte dann mit einem Dankopfer erst wieder den Tempel betreten) jubelte der alte »Simon im Tempel«, daß der Messias Jesus das Heil sei, das Gott »allen Völkern bereitet hat, als Licht zur Offenbarung für die Völker und zur Verherrlichung deines Volkes Israel« (Lk 2,30–32). Hier leuchtet also ein Licht nicht nur zur Erleuchtung einzelner Bekehrter und Wiedergeborener, sondern für die Völker dieses ganzen Planeten.

Aber wo ist diese bessere Welt geblieben? Wann ist sie je gekommen? Wurden alle Erwartungen enttäuscht? Sind die, die über ihr Leid klagen, getröstet worden? Haben die Gewaltlosen das Land geerbt? Sind die, die nach Gerechtigkeit hungerten und dürsteten, satt geworden? Haben die Barmherzigen Erbarmen erfahren? Gehört denen, die um der Gerechtigkeit willen verfolgt wurden, das Himmelreich?

Das sind bis heue offene Fragen aus den Seligpreisungen, die die Bergrede Jesu einleiten. Als Johannes der Täufer durch seine Jünger an Jesus die Frage richten ließ, ob er es sei, von dem die Propheten sagten, daß er kommen solle oder ob man auf einen anderen warten müsse, antwortete Jesus, »daß die Blinden sehen, die Aussätzigen rein werden, die Tauben hören, die Toten auferweckt und den Armen das Heil verkündigt wird (Mt 11,3 ff.). Aber die Frage meldet sich: Gibt es nicht nach wie vor Blinde, Lahme, Aussätzige, Tote und Arme bis auf diesen Tag? Hat Jesus sich, wie seit Albert Schweitzer mit Nachdruck in moderner Theologie gelehrt wird, geirrt, weil er meinte noch zu seiner Lebzeit das Reich Gottes mit aller Macht und Herrlichkeit einbringen und vollenden zu können? Mit anderen Worten: Hat Jesus in einem für uns nicht mehr interessanten, mythologischen Zeitrahmen gedacht, aus dem wir allenfalls noch etwas Moral herausholen können?

Die zentrale Antwort, die Jesus auf gerade diese Frage aller Fragen gibt, steht in Matthäus 11,12: »Von den Tagen Johannes des Täufers bis jetzt geschieht dem Himmelreich Gewalt und Gewalttätige reißen es an sich.« Dieser Text gehört zu den von Exegeten heftig und beharrlich umstrittenen Problemtexten. Die exegetische Problemgeschichte dieses Textes kann hier nicht dargestellt werden.[35] Der Sinn ist: Der Einbruch des Reiches Gottes wird durch böse, widergöttliche Gewalten und Mächte gehindert.

Die Situation ist dramatisch: Das Reich Gottes ist angebrochen mit allen Zeichen der Herrlichkeit und Macht. Aber die Vollendung dieses Reiches wird bis zur Wiederkunft Jesu gehindert durch eine Macht, die diesem Reich entgegensteht.[36]

Für den christlichen Glauben ist diese Weltzeit nur so zu verstehen, daß sie eine Zwischenzeit ist. Es geht um ein dramatisches »Zwischen« der ersten Ankunft Christi, wie sie in den Evangelien berichtet wird, und seiner noch ausstehenden Wiederkunft am Ende der Zeiten. Dieses Verständnis der Gegenwart, der Vergangenheit und der Zukunft als eine solche Zwischenzeit ist entscheidend für die politische Ethik. Christliche Politik ist ohne das Bewußtsein, in dieser Zwischenzeit zu leben und politisch handeln zu müssen, undenkbar. Nur dieses Bewußtsein der Zwischenzeit ermöglicht die rechte politische Perspektive, die gleichzeitig ohne Utopie und dennoch ohne Resignation politisches Handeln möglich und verständlich macht.

Es geht in diesem »Interim«, in dieser Zeit zwischen dem ersten und dem zweiten Kommen Christi, um den nicht endenden Kampf dieses Reiches Gottes gegen die Gewalt des Bösen. Wer für dieses Reich kämpft, wird nie verlieren, denn er steht in der Nachfolge des Heilandes der Welt. Er wird aber auch niemals endgültig triumphieren und siegen, weil jegliche Vollendung dieser Geschichte allein mit der Wiederkunft Christi erbracht wird. Er wird in seinem Leben als Nachfolge kämpfen und leiden. Er wird ohnmächtig sein, er wird gleichsam (sinnbildlich) gekreuzigt werden, aber auch auferstehen. Der zweifellos aufgetragene Kampf um die gesellschaftliche, konkrete politische Veränderung dieser Welt bedeutet Teilhaben am messianischen Leiden Christi. Wer ihm nachfolgt, muß sein Kreuz auf sich nehmen. Er trägt das Kreuz nicht als religiöse Leistung im Sinne asketischer Selbstverleugnung, als religiöse Pflichtübung, sondern als Last im Kampf um die Veränderung dieser Welt – in der Familie, in der Gesellschaft usw. »Selig sind, die um der Gerechtigkeit willen verfolgt werden« (Mt 5,10).

In diesem Zusammenhang könnte ein Blick auf jüdisches Messiasverständnis auch für Evangelikale nicht ohne Bedeutung sein. Über dieses jüdische Verständnis der Messianität schrieb – allerdings noch in der Sprache des 19. Jahrhunderts – Leo Baeck: »Das Leid hat sein Messianisches auch. Das alles ist, von Anbeginn an, für das Judentum kein bloßes Symbol und keine bloße Poesie gewesen, sondern ist die Wirklichkeit seines Lebens, das Thema seiner Geschichte, das Erlebnis der Tragik und der Versöhnung. Sein eigenes Schicksal wurde für das Judentum zur messianischen Predigt. Man erfuhr, wie das Leiden am Judentum ein Leiden am

Ideal ist. Das Leid wurde aus der Frage zur Antwort, aus dem Geschicke zum Gebote und zur Verheißung.«[37]

Christliches Verständnis der Messianität – politisch gesehen – bedeutet, daß durch die erste Ankunft Christi der Auftrag besteht, diese Welt zu verändern. Christliches Verständnis der Messianität meint, daß nur im Schmerz der Wiedergeburt, im Verstehen des Kreuzes, in der Kraft des Heiligen Geistes Christen die Möglichkeit haben, gerade als Christen Gerechtigkeit im Vollsinne des biblischen Wortes in diese Welt verändernd hineinzutragen. Christen leiden nicht nur (das auch) zu ihrem eigenen Heil, sondern auch für das Heil dieser Welt, denn Gott will – so schreibt es Paulus an Timotheus (2,4) – daß allen Menschen geholfen werde. Das meint wohl nicht, daß alle Menschen Christen werden, aber daß durch die Gemeinde Christi Licht in diese Welt hineinleuchtet und daß eben dadurch allen Menschen auf diesem Planeten geholfen werden soll.

Veränderung – aber worauf hin? Geht es um Gleichheit, Freiheit und Brüderlichkeit? Oder um die Verfraulichung der Welt? Oder um die Umverteilung allen Besitzes? Welchen Kampf als politischen Kampf – das ist das Thema des folgenden Abschnittes, ist dem Christen aufgetragen?

3. Kapitel

Der politische Inhalt der Botschaft Christi für die Gegenwart

In der Synagoge zu Nazareth gab Jesus die Auslegung eines Textes, wie er gerade für den Sabbat vorgesehen war, als er seine Heimatstadt besuchte. Es war ein Abschnitt aus dem 61. Kapitel des Propheten Jesaja (61,1 ff.), der so lautet:

»Der Geist des Herrn ist auf mir, weil er mich gesalbt hat, zu verkündigen das Evangelium den Armen; Er hat mich gesandt, zu predigen den Gefangenen, daß sie frei sein sollen, und den Blinden, daß sie sehen sollen, und den Zerschlagenen, daß sie frei und ledig sein sollen, zu verkündigen das Gnadenjahr des Herrn. Und als er das Buch zutat, gab er es dem Diener und setzte sich und aller Augen in der Synagoge sahen auf ihn. Und er fing an, zu ihnen zu reden: Heute ist dieses Wort der Schrift erfüllt vor euren Ohren.«

Um diesen Text recht zu verstehen, bedarf es einer Antwort auf die Frage, was »Gnadenjahr« in diesem Zusammenhang bedeutet. Der amerikanische Theologe J. H. Yoder hat diesen Text so interpretiert, daß Jesus das Jubeljahr ausruft, wie es die Propheten immer wieder eingefordert und verkündet haben. Da im synagogalen Gottesdienst schon zur Zeit Jesu zuerst ein Text aus der Thora, also aus den fünf Büchern Mose und dann aus den Propheten gelesen wurden, vermutet Yoder, daß der Thoratext am Sabbattag 3. Mose 25 gewesen sei.[38] In diesem Kapitel wird das alle fünfzig Jahre wiederkehrende Jubeljahr eingefordert. Dieses Jubeljahr beansprucht im wesentlichen vier Forderungen: Der Boden wurde in jenem Jahr nicht bearbeitet, er sollte seine Ruhe haben. Alle Schulden wurden aufgehoben, als nichtig erklärt. Alle Sklaven wurden freigelassen und jede Familie, die Grund und Boden verkaufen mußte (also die Verarmten), kam im Jubeljahr zu ihrem Besitz zurück.

Wenn Jesus das Jubeljahr ausgerufen hat, bekommen alle seine verheißungsvollen Aussagen über die Armut und seine warnenden Proteste gegen den Reichtum und seine Verheißung für die Armen einen besonderen Sinn. Zweifellos meinte Jesus in seinen Warnungen angesichts des Reichtums, in seiner Mahnung, daß man nicht gleichzeitig Gott und dem Mammon dienen könne, auch die persönliche Gefährdung des Menschen durch seine Bindung an die Dinge dieser Welt, die ja schließlich alle vergänglich sind. Diese gleichsam existentielle Bedeutung der Anti-Reichtumsaussage soll in keiner Weise verkannt oder geschmälert werden. Aber in der hier vor allem interessierenden gesellschaftlichen und politischen Bedeutung der Aussagen Jesu über »Arm und Reich« muß eben auch der politische Sinn der Aussagen Christi deutlich werden.

Besitz ist nicht als solcher sündhaft, wie man meinen sollte, wenn Jesus sagt, daß eher ein Kamel durch ein Nadelöhr gehe, als das ein Reicher in den Himmel komme, oder daß sogar Weherufe über die Reichen ausgerufen und die Armen gepriesen werden.[39] Es ist – in politischer Perspektive – derjenige Reichtum verflucht, der sich der Ordnung des Jubeljahres widersetzte, der angehäuft wurde durch die dem Gesetz des Mose widersprechende Ausbeutung verschuldeter Bauern. Jener Reichtum ist verurteilt, der die für das Jubeljahr vorgesehene Rückkehr des ursprünglichen Eigners zu seinem Grund und Boden hindern will.

Eigentum wird von Jesus nicht grundsätzlich verneint, sondern durch das Ausrufen des Jubeljahrs sogar garantiert. Das Eigentum ist nicht einem Kollektiv, sondern der Familie zugeordnet. Es ist nicht einem planwirtschaftlichen System, sondern der schöpferischen Initiative des einzelnen überantwortet. An dieser Grundeinschätzung des Alten Testamentes ändert Jesus nichts. Die Ausrufung des Jubeljahres bedeutet die Befreiung der Verschuldeten, die als Sklaven arbeiten mußten durch den im Jubeljahr vorgesehenen Erlaß der Schulden. Das war natürlich zunächst nicht eine geradezu frohe Botschaft für die Reichen, sondern es war Evangelium für die »Sammlungsbewegung von armen Juden, deren Lebensmöglichkeiten und Überlebenschancen gering waren, wenn man ihre reale Situation betrachtete.«[40] Reichtum, der sich dieser mit dem Jubeljahr gegebenen sozialen Verpflichtung, die nicht der Abschaffung, sondern der Erhaltung des Besitzes in der breiten Streuung für das Volk als freies Volk diente, widersetzte, war Sünde gegen das Gesetz Gottes – eben eine politische Sünde gegen Gottes Gebot. Diese politische Sünde allerdings wurzelte in einem Herzen, das mehr auf den sichtbaren Mammon als auf den unsichtbaren Gott vertraute. Die Sünde gegen das politisch zu verstehende Gesetz Gottes ist zugleich die

Sünde des Unglaubens an dem im Wort offenbar gewordenen Gott.

Daß wir nicht sorgen sollen, weil Gott weiß, was wir brauchen, ist bei Jesus verbunden mit dem Aufruf, zuerst nach dem Reiche Gottes und seiner Gerechtigkeit zu trachten (Mt 6,33). Das mit Christus angebrochene, aber noch nicht vollendete Reich Gottes, will die Gerechtigkeit des Alten Testamentes nicht aufheben, sondern erfüllen. Diese Gerechtigkeit schafft den Besitz nicht ab, sondern garantiert ihn – allerdings in der sozialen Verpflichtung, wie sie beispielhaft im Jubeljahr aufgezeigt wird.

Jesus wollte keinen Kommunismus. Er zwingt seine Jünger nicht in Mönchsgemeinschaften wie unter seinen Zeitgenossen die Essener es wollten und taten. Er wollte keinen »jüdischen, kollektivistischen Staat. Kollektivismus war der Gegensatz zum Geist des Mose«[41], schreibt Yoder. Auf keinen Fall konnte sich also ein wie auch immer gearteter Kommunismus oder Kollektivismus auf Jesu Botschaft stützen. Auch eine asketische Armutsverherrlichung im Sinne christlicher oder buddhistischer Bettelorden liegt keinesfalls im Sinne der Verkündigung Jesu. Wenn Jesus die Reichen bedroht und den Armen seligpreist, dann darum, weil die Reichen ihren Besitz gegen das Gesetz des Jubeljahres unrechtmäßig festhalten. Dem reichen Jüngling, der alle Gebote hielt und dennoch nicht vollkommen war, fehlte die Gerechtigkeit des Gnaden-Jubeljahres, die ihn dazu veranlaßt hätte, seinen ungerechten Mammon den Armen zu geben.

Die Armen hingegen sind nicht Täter, sondern Opfer dieser Ungerechtigkeit. Ihre Demut ist keine Tugend, sondern ein Leiden an der Ungerechtigkeit. Sie leben unter der Verheißung, daß die Gerechtigkeit auch für sie in dieser und dann vollends in der kommenden Welt triumphieren wird.

Nun kann natürlich die Gnaden-Jubeljahr-Ordnung, die ganz und gar der Agrarordnung der altisraelitischen Zeit zugeordnet war, nicht auf die moderne Industriegesellschaft übertragen werden. Der Talmud hatte ohnehin die Sabbat- und Jubelordnung auf das Land Israel beschränkt, praktizierte dessen Anwendung also nicht im Galut, in der Zerstreuung des Judentums über die ganze Welt. Auch Jesus wird nicht im buchstäblichen Sinne an die Erfüllung des Jubeljahr-Gebotes gedacht haben. Er bringt diese Aussage ja im Zusammenhang mit der Verheißung des Propheten Jesaja. Das Reich Gottes, das Jesus bringt, ist die Erfüllung des Jubeljahres in einer ganz besonderen Weise. Aus dem Geiste und der Gerechtigkeit des Reiches Gottes soll allerdings eine politische Verwirklichung erfolgen, die den Sinn (!) des Jubeljahres erfüllt.

Es geht also darum, den Sinn (!) der Gnadenjahrspredigt politisch zu verwirklichen. Und das meint nichts anderes, als eine Eigentumsordnung in sozialer Gerechtigkeit aufzubauen. Es soll kein Mensch ohne Eigentum sein – es soll Armut überwunden und in sozial gerechte Eigentumsordnung überführt werden. Reichtum neben unverschuldeter Armut ist zweifellos gegen die in der Bibel geoffenbarte Gerechtigkeit Gottes und darum untragbar.

Eigentum versteht sich dabei in unserer modernen Industriegesellschaft nicht mehr als Eigentum an Grund und Boden. Eigentum ist Besitz in irgendeiner Form von Kapital. Alle Bürger eines Rechtsstaates im biblischen Sinne sollten Eigentum haben – für den kleinen Mann bedeutet das unter Umständen nur Eigentumswohnung (in Israel über alle Maßen gefordert) und das eingesparte Geldvermögen, das allein durch unbedingte Geldwertstabilität garantiert ist.

Eine gerechte, soziale Eigentumsordnung ist die Voraussetzung für die Überwindung der Armut und des sozialen Elends. Sie kann nur im Rahmen der Gebote erfolgen, die Ehe, Familie, Leben, Wahrhaftigkeit und Ehrfurcht vor dem Gebot Gottes bewahren wollen. Das Jubeljahr steht ja im Kontext mit diesen Geboten Gottes. Wo diese Gebote keine Geltung haben, ist das Jobeljahr irrelevant. Wo keine Gebote, da keine soziale Gerechtigkeit. Nur da, wo man auf die »Stimme Zions« hört, ist soziale Gerechtigkeit denkbar. Die bittere Alternative hierzu ist diktatorische Planwirtschaft als Herrschaft der Funktionärs-Bürokratenklasse, eben der sattsam bekannte »reale Sozialismus« oder ein anarchistischer Ellbogen-Kapitalismus.

Wenn Jesus voraussagte, daß es immer Arme geben wird, ist damit doch klargestellt, daß das Reich Gottes eben immer Gewalt leidet. Der Zustand der Perfektion, der absoluten sozialen Gerechtigkeit, wird nie erreicht und die soziale Eigentumsordnung in Gerechtigkeit muß immer wieder umkämpft werden. Das Jubeljahr gilt als immerwährender Auftrag bis zur Wiederkunft Christi. Wenn der Sinn für Gottes Gebot stirbt, stirbt auch der Sinn für die Inhalte des Jubeljahres und es wird keine gerechte Eigentumsordnung mehr geben. Aber auch Freiheit, die ohne Eigentum als politische Freiheit undenkbar ist, wird es dann auch auf diesem Planeten nicht mehr geben.

Es darf nach biblischem Verständnis keine Herrschaft des Menschen über den Menschen geben. Der Jude wie der Christ unterwerfen sich nur einer Autorität, die göttliche Rechtsordnung verwirklicht. Es darf keine Herrschaft des Menschen durch die Macht des Kapitals über andere Menschen geben. Jene Akkumulation des Kapitals und seine zur Repression führende Monopolisierung will die Ordnung des Jubeljahrs ja gerade aufsprengen. Die grausame Unordnung eines Agrarmonopolkapitalismus fand Jesus vor in einem Lande, in dem Besatzungsmacht, Zollpächter und anpassungswillige Reiche und mit der Besatzungsmacht kooperierende Tempelpriesterschaft und andere reiche Kollaborateure die Verelendung des Volkes betrieben. Es steht außer Zweifel, daß Jesus angesichts dieser Situation eine soziale Umverteilung wollte. »Siehe Herr, die Hälfte meiner Güter gebe ich den Armen, und wenn ich von jemand etwas durch falsche Anklage gewonnen habe, so erstatte ich es vierfältig« (Lk 19,8 ff.), sagt der keineswegs unvermögende Oberzöllner[42] Zachäus zu Jesus. Und dieser fordert den Zachäus nicht auf, alles zu verkaufen und Bettelmönch zu werden, sondern sagt »heute ist diesem Haus Heil widerfahren, weil auch er ein Sohn Abrahams ist« (Lk 19,9).

Jesus betrieb – politisch gesehen – eine soziale Revolution für die Armen – nicht um das »Volkseigentum« einzuführen, sondern um das private Eigentum in jene von Gott offenbarte Ordnung zu stellen, die allein Gerechtigkeit garantiert. Nicht dem Volkseigentum, sondern Gottes Eigentum (Gottes ist diese Erde) ist der Mensch nach göttlichem Recht verpflichtet[43].

4. Kapitel

Rechtsstaat und Unrechtsstaat.
Ist die politische Gewalt von Gott oder
vom Teufel?

Wie steht der Christ zum Staat? War Jesus ein politischer Aussteiger, der sich um die irdischen Machthaber keine Gedanken machte? War die urchristliche Gemeinde ohne jedes bewußte Verhältnis und ohne jede klare Aussage zum Staat? Ist die politische Macht, in welcher Gestalt auch immer, nur vom Teufel – allenfalls ein notwendiges Übel, das zu übersehen und zu umgehen die beste Verhaltensweise des Christen wäre?

»Es gibt keine Versöhnung, die nicht auch die Rechenschaft vor dem gerechten, gebietenden Gott fordert . . .« schreibt – auch ganz im christlichen Sinne – der jüdische Rabbiner Leo Baeck.[44] Vergebung und Versöhnung mit Gott ohne Rechenschaft vor Gott, ohne Erkenntnis eigener Ungerechtigkeit ist billige Gnade, die nichts bewirkt. Wer nicht durch die Ungerechtigkeit, auch durch seine eigene Ungerechtigkeit und durch die Ungerechtigkeit in der Gesellschaft verwundet ist, kann keine Gnade finden. Daß Gott uns gnädig ist, daß er uns unsere Ungerechtigkeit vergibt, daß er uns »rechtfertigt aus Gnade«, wie es reformatorische Theologie nennt, bedeutet immer, daß der gnädige Gott zugleich ein gerechter Gott ist.

Die göttliche Gerechtigkeit fordert aber auch Gerechtigkeit zwischen den Menschen. Gerechtigkeit soll walten auf dem Acker, sagt der Prophet Jesaja (32,16) und die Gnade Gottes soll auch als Gnade zwischen den Menschen gelebt werden, die einander lieben sollen wie sich selbst. Diese Heilswirklichkeit Gottes, sein Recht und seine Rechtfertigung haben wiederum politische Konsequenzen, lassen das Leben einer Gesellschaft nicht unbeeindruckt, sondern prägen es.

»Wenn die eigentümliche Dynamik unserer Zeit uns zum Heil und nicht zum Unheil werden soll«, schrieb Karl Barth in den politisch aufregenden Jahren 1938, als dem NS-Staat Hitlers keine politische Macht mehr entgegenzutreten schien, dann müsse die Frage »nach dem sachlichen, also inneren und notwendigen Zusammenhang« des Reiches Christi und seiner Gerechtigkeit und der Gesellschaft, also des Staates, gestellt und eindeutig politisch beantwortet werden.[45]

Wie steht es zwischen dem in der Bibel geoffenbarten und in Christus gegenwärtigen Gott auf der einen und den politischen Mächten dieser Erde auf der anderen Seite? Das war die Frage, die damals angesichts totalitärer politischer Herausforderung evangelische Theologen bewegte und die uns auch heute bewegen sollte und uns ganz gewiß auch in der Zukunft bewegen wird.

Dem Pilatus, der Jesus in seiner Gewalt hatte, sagte Jesus ausdrücklich, daß er diese »von oben«, also von Gott bekommen habe (Joh 19,11). Pilatus hatte Jesus in seiner Hand aufgrund einer Macht, die ihm von Gott gegeben war (Röm 13), die Bösen zu bestrafen und die Guten zu belohnen. Pilatus läßt aufgrund dieser ihm von Gott gegebenen Macht Jesus kreuzigen, obgleich er ihn für unschuldig hält. Er gibt dem Druck einer fanatischen Masse, die Jesus kreuzigen will, nach. Pilatus wird ungerecht, er duldet (und das ist ihm bewußt) einen rechtsfreien Raum, weil er populistisch und nicht rechtsbewußt handelt.

Die »Macht von oben« wird pervertiert, sie wird demontiert. Nicht der Staat, das politische Regiment, mit der ihm verliehenen Schwertgewalt als solches ist verwerflich, sondern die Perversion dieses Staates zum Unrechtsstaat: »Der dämonisierte Staat ist offenbar gerade in diesem Gegenüber nicht etwa der Staat, der zuviel, sondern der zuwenig Staat ist«, der »im entscheidenden Augenblick sich selbst treu zu sein unterläßt«,[46] schrieb Karl Barth in jenem Jahr 1938, als der Rechtsstaat in Deutschland, das Zueinander von Macht und Recht, im Schrecken der »Reichskristallnacht« des Judenpogroms vom November 1938 endgültig zusammenbrach und die Welt dem tatenlos zusehen mußte oder wollte.

Wie ist es möglich, daß Staaten dämonisiert werden, daß sie sich, obgleich von Gott eingesetzt, dem Recht widersetzen, und vor dem Unrecht – wie seinerzeit Pilatus – kapitulieren?

Der wohl bekannteste protestantische Theologe dieser ersten Hälfte des 20. Jahrhunderts, eben der Basler Theologe Karl Barth, kam in den dreißiger Jahren zu einer völlig neuen und aufregenden Deutung des Zueinanders von Gott und politischer Macht. Die von Gott eingesetzte Macht (für Karl Barth sind sie in Übereinstimmung mit Neutestamentlern wie K. L. Schmidt und O. Kullmann »Engelmächte«, die jeweils ein Volk repräsentieren[47], die an sich gut ist, kann dämonisch pervertiert werden. Christen kämpfen nicht mit »Fleisch und Blut«, sondern mit »Gewalten und Mächten«, die als Dämonen der Finsternis sich gegen Recht und Ordnung erheben, um Chaos aufbrechen zu lassen. Mit anderen Worten und ganz einfach ausgedrückt: Der Unrechtsstaat ist des Teufels, der um so mehr tobt, als ihm keine geistliche oder geistige Kraft entgegentritt. Ihm kann aber im Glauben widerstanden werden, weil Christus stärker ist als die Macht der Dämonie.

Der Kampf zwischen Christus und den dämonischen Mächten ist noch nicht zu Ende. Nach 1 Kor 15,24 sind die Mächte des Bösen durch Christi erste Ankunft auf dieser Erde noch nicht vernichtet, »denn er muß herrschen, bis er alle Feinde unter seine Füße hat«(1 Kor 15,25). Und das ist noch nicht, sondern wird und kann erst in der Endzeit geschehen.

Wieder wird deutlich, wie bedeutsam das »Zwischenzeitbewußtsein« für das Verständnis politischer Prozesse ist. In der Auferstehung Christi erkennen wir den Triumph über den Tod, über das Zerstörerische des Bösen schlechthin. Insofern sind die Mächte des Bösen entwaffnet (Kol 2,15) – aber sie sind noch nicht verschwunden und haben (nun ganz im Gegensatz zum Optimismus Karl Barths[48]) sehr wohl die Möglichkeit, in der Zeit zwischen Auferstehung und Wiederkunft Staat und Gesellschaft zu dämonisieren. Der christliche Politiker glaubt aber an die Möglichkeit, daß staatliche Macht, die letzten Endes von oben, also von Gott ist, sich dem von Gott gebotenen Recht fügt und er kämpft »gegen den Teufel« und für den Rechtsstaat, dessen Axiom die Zehn Gebote sind und der eine Wohltat für alle Menschen – nicht nur für die Christen – ist.

Wenn Jesus sagt, daß wir Gott geben sollen, was Gottes ist und dem Cäsar, was des Cäsars ist, dann bedeutet das nicht, daß Christen sonntags mit Gott und alltags mit dem Cäsar leben. Es geht hier nicht um eine Trennung zwischen zwei Welten etwa in dem Sinne, gib dem Raubtier Staat, was er braucht, damit er dich in Ruhe läßt und lebe dann – möglichst abseits von aller Politik – in Frieden deinem Gott. Christus meint hier nicht verschiedene Ebenen unseres christlichen Daseins auf der Welt, sondern er will, daß der Christ aus dem Gehorsam gegenüber Gott dem Staat (Cäsar) das gibt, was ihm nach göttlichem Recht als göttlichem Regiment zusteht und zukommen muß. Daraus folgt, daß der Christ darum kämpft, daß der Cäsar, der Staat, Gottes guter Diener ist. Das bedeutet politisch real, daß der Staat der Gerechtigkeit Gottes, wie sie in seinen Geboten offenbar werden, unterworfen wird. Und die Aussagen Jesu vor Pilatus, sein Reich sei nicht von dieser Welt, bedeuten keineswegs absoluten Dualismus zwischen Reich Gottes und dem Staat, wie viele unbedingt unpolitisch bleibende und bleiben wollende Christen die Bibelstelle beharrlich mißverstehen. Sondern »das Reich, das nicht von der Welt ist«, meint ja jenes »Oben«, vor dem Pilatus, und damit der Staat überhaupt, sich verantworten muß.

Jesus – anscheinend in der Gewalt des Pilatus – steht über Pilatus. Das ist der Kern dieser Aussage. Sein Reich ist nicht von dieser Welt und sein Kampf geschieht nicht mit den Mitteln dieser Welt. Denn nicht mit Fleisch und Blut, sondern die überirdischen Gewalten, die von Gott losgelassen den Tod Jesu durch die dämonisierte Gewalt des Staates (des Unrechtsstaates) bewirken, das sind seine Feinde. Weder Juden noch Römer sind die Schuldigen am Kreuzestod Christi, sondern der »Fürst dieser Welt«, das metaphysische Böse. Es war die Stunde des Kreuzes, die Stunde des »Fürsten dieser Welt« (Joh 14,30). Menschen werden aber schuldig, wenn sie vor dieser Macht kapitulieren. Pilatus hatte kapituliert, und das war seine persönliche und zugleich politische Schuld. Ein Politiker, eine Gesellschaft, ein Staat, die vor dem Teuflischen kapitulieren, werden schuldig vor Gott.

Nach dem 13. Kapitel des Römerbriefes soll sich der Christ den politischen Mächten, die Gewalt über ihn haben, unterordnen. Begründung: Es gibt keine Gewalt, die nicht von Gott ihre Vollmacht hat. Sie sei Gottes Dienerin und habe die Schwertgewalt, um an den Bösen das Zorngericht Gottes zu vollstrecken. Sinnähnliche Aussagen finden wir 1 Petrus 2,13–17; Titus 3,1 ff. und 1 Timotheus 2,1 ff.

Ist damit nun die unbedingte Unterordnung unter jegliche staatliche Gewalt um jeden Preis – auch unter den Staat eines Massenmörders Nero, eines Hitler oder Stalin eingefordert? Hätten sich Christen jeder Ungerechtigkeit, wenn sie nur als politische Macht auftritt, zu beugen oder ihr gar zu dienen? Daß viele, insbesondere lutherische Christen den Gehorsam gegenüber jeder Staatsgewalt so verstanden haben, ist bekannt.[49]

Aber das ist nicht die Aussage von Römer 13. Hier wird den Christen deutlich gemacht, daß Gott selbst für die Welt eine staatliche Ordnung eingerichtet hat mit dem Ziel, notfalls mit Gewalt das Böse abzuwehren. Paulus meint den von Gott eingesetzten Rechtsstaat, dessen Diener auch Christen gehorsam sein sollen. Der Anbruch des Reiches Gottes – das will Paulus ausdrücklich betonen – hebt die staatliche Ordnung nicht auf, denn die ist nicht vom Teufel, sondern von Gott und wird vom Teufel nur pervertiert. Allem christlichen Schwärmertum ist hier ganz eindeutig eine klare Absage erteilt. Der staatlichen Ordnung, der Zuordnung von Recht und Macht soll der Christ untertan sein, so wie die Frau dem Manne und die Kinder den Eltern untertan sein sollen. Im 2. Kapitel des ersten Timotheusbriefes stellt Paulus den Gehorsam innerhalb der Ordnung des Staates in den größeren Zusammenhang mit der Ordnung in der Gemeinde, in der Ehe und in der Familie. Zum Beispiel heißt es hier über die Frau, daß sie lernen soll »sich in allem unterzuordnen« (1 Tim 2,11).

Dieser und andere Ordnungsappelle im Neuen Testament erinnern die Christen daran, daß das Gesetz Gottes durch den Anbruch der messianischen Zeit in Christus noch nicht aufgehoben ist – das wird erst in der Wiederkunft Christi mit der Vollendung des Reiches Gottes geschehen, in der es kein Gesetz Gottes mehr geben wird. Die Ordnungsaussagen richten sich gegen ein schwärmerisches, ordnungsverneinendes Christentum, das es – wie die Briefe der Apostel zeigen – schon zu der Zeit des Apostels Paulus gegeben hat.

Wohlgemerkt: Um eine von Gott gesetzte Ordnung geht es hier, nicht um pervertierte Staatsformen. Das Gesetz Gottes ist ja gerade Abwehr gegen die Dämonie, gegen das Chaos. Ein Unrechtsstaat, der nicht die Bösen, sondern die Guten bestraft, ist eindeutig nach der Aussage der Apostel ein dämonisierter Staat pervertierte Ordnung Gottes. Diesem dämonisierten Staat ist der Christ gegenüber nicht untertan.

In 1 Korinther 6,1–6 werden die Christen getadelt, weil sie einen Rechtsstreit »vor einem gottlosen Richter« durchfechten, statt vor »den Heiligen«. Daß Christen gegen Christen vor heidnischen Richtern prozessieren, ist dem Apostel ein Greuel. Denn dieser heidnische Staat, in dem die Christen damals lebten, war nicht im Sinne der Bibel ein Rechtsstaat. Die Christen – so meinte der Apostel – sollten für sich selbst Gerichte einsetzen. Das war damals eine Möglichkeit, um durch die souveräne Gerichtsbarkeit in Zivilsachen, die der römische Staat der jüdischen Diaspora eingeräumt hatte, den Unrechtsstaat zu umgehen. Diese Art christlicher »Selbstjustiz« im positiven Sinne der Erfüllung des Gesetzes Gottes, zu der Paulus aufruft, ist zweifellos nicht nur Verneinung dämonisch pervertierter Staatlichkeit, sondern Widerstand. Wie sich dieser Widerstand in verschiedenen Möglichkeiten konkretisieren kann, wird an anderer Stelle dieses Buches zu bedenken sein.

Kein Zweifel allerdings kann darüber bestehen, daß die Kirche Christi und christliche Politiker sich für das Recht gegen den Unrechtsstaat einzusetzen haben. Heute und hier in unserer westeuropäischen politischen Szene steht uns kein Unrechtsstaat gegenüber. Aber der Unrechtsstaat, der die Bösen nicht bestraft (Röm 13,4) nimmt allmählich Gestalt an. Er steigt auf wie das Tier aus dem Meer (Offb 13). Der Wertepluralismus des säkularen Staates sind Anzeichen einer grassierenden Dämonisierung, der jeder Christ unter Ausnutzung aller politischen Möglichkeiten entgegentreten muß.

Damit es ganz klar wird: Der Staat ist eine Ordnung Gottes. Diese Ordnung Gottes kann dämonisch pervertiert werden. Der Christ steht in einem unaufhörlichen Kampf gegen die dämonische Pervertierung des Staates. Er führt diesen Kampf, indem er unbedingt für die Gerechtigkeit im Sinne der Gebote Gottes sich einsetzt. Wo das Recht triumphiert, muß das Böse weichen.

Welche Aufgabe hat der Staat, welche Aufgabe hat die Kirche in der politischen Wirklichkeit?

An mehreren Stellen des Neuen Testamentes ist ausdrücklich davon die Rede, daß die Christen ihre wahre Heimat eigentlich gar nicht auf der Erde, sondern im Himmel haben (Phil 3,20; Hebr 11,10; 13,16; 12,22; 13,14). Christen wissen, daran hat auch Karl Barth in »Rechtfertigung und Recht«[50] erinnert, daß ihre Polis, ihr Staat im Himmel ist. »Die heilige Stadt, das neue Jerusalem, von Gott her aus dem Himmel herabkommend, gerüstet wie eine Braut, die für ihren Mann geschmückt ist.«

»Man wird«, so schreibt Barth zu dieser biblischen Aussage in Offenbarung 21,2 ff., »hier vor allem betonen müssen, daß es sich bei dieser künftigen Polis, in der die Christen doch jetzt und hier schon, ohne sie bewohnen zu können, ihr Bürgerrecht haben, nicht um einen idealen, sondern um einen realen, ja sogar um den allein realen, nicht um einen gedachten, sondern um den allein wahrhaft seienden Staat handelt. Und eben dies, daß sie in diesem, realen Staat Bürgerrecht haben, macht die Christen im Staat oder in den Staaten dieser Zeit und Erde zu jenen Gästen. «[51]

Diese Erinnerung an den Staat im Himmel, der übrigens keinen Tempel hat, bringt einige ganz klare politische Einsichten in das Wesen des »irdischen Staates«, in dem Christen mit anderen Menschen, also auch mit Nichtchristen, leben.

1. Alle Staaten dieser Erde sind vergänglich und unzulänglich. Kein Staat wird je vollkommener Staat sein – das ist allein das himmlische Jerusalem. Also werden Christen bestenfalls eine Gesellschaft – wie man heute sagt – erträglich machen. Sie werden den Staat erleuchten, aber niemals ganz in das volle Licht der Wahrheit und Erlösung rücken können. Hier liegt das Grenzwissen des Christen, hier wurzelt sein Realitätssinn aber auch seine Hoffnung, die alle Enttäuschungen überwindet. Die Utopie einer vollkommenen Gesellschaft auf Erden ist teuflische Illusion und der Erzfeind des biblischen Realismus.

2. Jeder irdische Staat steht vor dem letzten und jüngsten Gericht, so wie jeder einzelne Mensch vor diesem letzten Gericht Gottes offenbar werden muß. Die in dieser »Zwischenzeit« immer unvollkommen bleibende irdische Gerechtigkeit und Rechtsstaatlichkeit kann erst in jenem letzten Gericht zur vollkommenen Gerechtigkeit erfüllt werden. Nur am Ende der Geschichte wird die Rechtfertigung des Rechts offenbar. Christen werden darum in geradezu revolutionärer Weise jedes bestehende Rechtssystem auf letzte, vom biblischen Gebot her gegebene Legitimation befragen und von dieser Legitimation her auch ändern wollen. Hunger und Durst nach Gerechtigkeit sind elementare Kennzeichen des Christenmenschen und die entscheidende Motivation für ihren Kampf um Gerechtigkeit und Rechtsstaatlichkeit.

3. Christen wissen um die Vergänglichkeit eines jeden einzelnen Staates – auch ihres eigenen. Kein irdisches Reich ist ewig. Christen leben darum distanziert gegenüber jeglicher Gesellschaft dieser Welt. Sie werden sich mit keinem Staatswesen identifizieren. Das schließt jede Vergötzung, Verideologisierung einer Nation oder eines Staates aus. Der Staat ist nicht das Letzte und Endgültige, das ist allein das Reich Gottes. Sondern jede Gesellschaft, in der der Christ lebt, ist allenfalls das Vorletzte, das allerdings nichtsdestoweniger ihrer Verantwortung übertragen ist. Die praktische Konsequenz ist zum Beispiel, daß Christen zwar ihr Vaterland lieben und für ihr Vaterland kämpfen, daß sie aber niemals »Nationalisten« sein können. Ihr Gott ist nicht die Nation, sondern der in der Bibel geoffenbarte Allmächtige im Himmel.

4. Die Heilige Stadt kommt von Gott am Ende der Zeit aus dem Himmel. Der Gott des ewigen Reiches, der Vollendung der Gerechtigkeit und Erlösung ist auch der Herr dieser unerlösten politischen Wirklichkeit, in der wir jetzt leben. Dieses Wissen bewahrt nicht nur vor der Vergötzung von Nation, Staat und Gesellschaft, sondern bewirkt Verantwortung vor Gott dem Gebieter der Gebote. Die für alle Menschen geltenden noachidischen Gebote, auf die im ersten Hauptteil dieses Buches eingegangen wurde, verbieten Götzendienst und aktiven Atheismus. Das bedeutet in klarer und harter Konsequenz, daß es einen gerechten Staat als atheistischen Staat nicht geben kann. Der atheistische Staat ist immer schon ein pervertierter Staat. Der in den noachidischen Geboten ausdrücklich verneinte

Götzendienst ist nämlich nicht nur eine religiöse Angelegenheit, die ohne politische Konsequenzen wäre. Götzendienst ist vielmehr eine Verfehlung der Wirklichkeit, eine Verblendung angesichts der Realitäten. Götzendienst als Ideologie, zum Beispiel als leninistisch-marxistische Ideologie, hat ja gerade am Ende dieses Jahrhunderts deutlich erkennen lassen, daß hier die Wirklichkeit des Lebens verfehlt wurde und darum das Leben gegen sich hat.

Die Menschen, die dem Staat dieses und noch viel mehr zu sagen haben, sind gerade diejenigen, die hier »keine bleibende Stadt« haben. Es sind eben die Christen. Da Christen sich in der Gemeinde versammeln, weil sie sich als Glieder des einen Leibes Christi verstehen, ist es die Gemeinde oder die Kirche Christi, die die entscheidende Stimme in einer Gesellschaft zum rechten Verständnis des Staates sein sollte. Die Freiheit der Kirche ist darum – darauf legte Karl Barth in den dreißiger Jahren entscheidendes Gewicht – Kennzeichen echter Staatlichkeit. Die Kirche hat vor allem den Staat an gottgewolltes Recht zu erinnern. Wo immer auf dieser Welt die Kirche Christi diese Möglichkeit nicht hat, dürfen wir davon ausgehen, daß der Rechtsstaat zerstört ist. Ein Staat, der die Kirche oder auch die Synagoge gar verbietet oder verfolgt, kann von vornherein kein Rechtsstaat sein. Der Staat, der angesichts seiner ihn beherrschenden Ideologie die Freiheit der Kirche verneint, wird zum totalitären Staat und damit – aus biblischer Sicht – zum Staat des Antichrist.

Andererseits gilt die bittere Wahrheit, daß ein Staat, der mit einer abtrünnigen, ihrem Auftrag verfremdeten, von der Wahrheit des geoffenbarten biblischen Wortes abgefallenen Kirche, also mit einer »Hure Babylon« leben muß, zum Untergang verurteilt ist. So wie der Staat dämonisiert werden kann, so kann Kirche als Konfession oder Sekte (auch als sehr große Sekte) sich von ihrem Haupt Christus lösen und pervertiert werden. Die sogenannten Sendschreiben in den ersten Kapiteln der Offenbarung des Johannes zeigen uns nur allzu deutlich, warum und wie dieses geschehen kann.

Unsere gegenwärtige Situation ist durch die Schatten eines doppelten Unheils charakterisiert:

1. Der Staat gerät in die Perversion, wenn er nicht mehr das Recht, sondern das Volk als Basis aller Verpflichtungen ansieht. Demokratie bedeutet keineswegs den Dispens, sondern die Erfüllung zumindest der noachidischen Gebote. Demokratie ist eine dem Gesetz Gottes gegenüber verantwortliche Demokratie.

Das Volk ist nicht Gott, sondern das Volk gehorcht Gott. Die tödliche Gefahr unserer Zeit ist der gottverlorene Populismus und die populistische Politik gottverlorener Politiker. Es ist darum die Pflicht der Christen, daran zu erinnern, daß Demokratie – wie die schweizerische Verfassung in ihrer Präambel es ausdrückt – eine Demokratie im »Namen Gottes des Allmächtigen« ist.

2. Die Kirchen – insbesondere die protestantischen Kirchen – geraten heute in eine Identitätskrise, in eine »Wortverlorenheit«, die sich für Staat und Gesellschaft ruinierend auswirkt. Aus der Fülle der Beispiele greife ich hier eines heraus, das sich im Frühjahr 1991 gerade dort ereignete, wo man es am wenigsten erwartete, nämlich in der Evangelisch-Lutherischen Landeskirche Bayerns mit der sogenannten »Rosenheimer Erklärung zum Schutze des ungeborenen Lebens und zur Frage des Schwangerschaftsabbruches«. Wir werden auf diese Erklärung im letzten Hauptteil des Buches noch einmal zurückkommen. In diesem Zusammenhang ist der Kommentar des Erlanger Dogmatikers Walter Künneth bedeutungsvoll[52]: Künneth führt aus, daß diese Erklärung von einer Gewissensbindung der Frau angesichts der Abtreibung ausgeht, ohne zu klären, was angesichts der Vieldeutigkeit der Formalfunktion »Gewissen« eigentlich gemeint ist. Alles käme doch darauf an, an welcher Autorität sich das Gewissen zu orientieren habe. Nach christlicher Überlieferung sei nicht das Gewissen, sondern das Gebot Gottes der Maßstab persönlichen und politischen Handelns. Walter Künneth stellt die Frage: »Was ist das für eine Kirche, die sich allein auf das Gotteswort in der Bibel als der reinen Lehre und auf das Bekenntnis Martin Luthers beruft und jetzt, kompromißbereit, in einer gefährlichen ethischen Situation unseres Volkes statt Vorbild und Wegweisung zu sein, total versagt?«

Nun – die Antwort auf diese Frage ist einfach: Es ist eine abwegige Kirche, die dem Rechtsstaat nicht nur nicht hilft, sondern ihn hindert. Wir sehen hier die Schatten der »Hure Babylon« – diesmal einer Hure, die in populistischer Manier sich nicht dem Recht, sondern der Gesellschaft verpflichtet weiß. In der urchristlichen Gemeinde ist die Hure Babylon Typos pervertierter Gemeinde. Aber gerade solch ein Vorgang bedeutet den Ruin von Kirche und Staat. Das bedeutet praktisch, daß bekennende Christen, die ihre politische Aufgabe wahrnehmen wollen, jetzt ganz klar erkennen, was sie herausfordert, wofür und wogegen sie zu kämpfen haben – gegen säkularisierte, populistische Kirche und Gesellschaft für die bekennende, bibeltreue Kirche und für den Rechtsstaat.

6. Kapitel

Ist ein christlicher Staat denkbar?

Unsere herkömmlich christlich-abendländische Gesellschaft war dadurch geprägt, daß in ihr Staat und Kirche nebeneinander, miteinander, selten gegeneinander lebten. Wie auch immer das Verhältnis konfessionell und von der jeweiligen Staatsform her geprägt gewesen sein mag, es gab – wie Karl Barth es ausdrückte – das Zueinander von Christengemeinde und Bürgergemeinde.[53]

Zum Staat, zur Bürgergemeinde gehören alle Menschen, die in seinen Grenzen leben, gleichgültig, ob sie gläubig oder ungläubig sind. Zur Kirche gehören zunächst alle, die sich dazu bekennen, wobei es gleichgültig ist, ob es sich um Staats-, Volks- oder Freikirchen handelt.

Von gläubigen, wiedergeborenen Christenmenschen geht aber doch wohl – politisch gesehen – mehr aus als nur der Anspruch auf Rechtsstaatlichkeit. Im Johannesprolog heißt es, daß das Gesetz durch Mose gegeben worden sei, daß Gnade und Wahrheit durch Christus in die Welt gekommen seien. In diesem Prolog wird Christus als das Licht bezeichnet, das in die Finsternis hineinleuchtet und daß die Finsternis dieses Licht nicht überwältigen konnte (Joh 1,4). Christen werden also auch das helle Licht der Gnade und Liebe in einen Staat hineinleuchten lassen.

Der Johannesprolog spricht hier von Ereignissen, die geschehen sind, geschehen und geschehen werden.

Die positive Bedeutung der Aussage, »daß das Licht, das in Christus offenbar geworden ist«, jedermann »erleuchtet, der in die Welt kommt« (Joh 1,9) meint nicht, daß alle Welt ein Sonnenstaat oder alle Menschen zu Söhnen des Lichtes werden. Der Sinn ist vielmehr – in seiner politischen Konsequenz –, daß auf die menschliche Gesellschaft das Licht des Lebens fällt, so daß sie nicht im Dunkeln versinkt. Nicht nur vergeltende Gerechtigkeit analog muslimischer Scharia, sondern auch Gnade, Vergebung und Liebe können wie ein wärmender und erhellender Lichtstrahl auf Christen und Heiden, auf alle Menschen einer Gesellschaft fallen. Staaten müssen nicht in der Finsternis der Rechts- und Orientierungslosigkeit und der Brutalität der Unbarmherzigkeit dahinvegetieren. Ein Staat kann positiv Menschen bilden, erleuchten, aufklären, Wahrheit vermitteln und er kann gegenüber Armen, Verlorenen und Gescheiterten gnädig sein.

Die von Dietrich Bonhoeffer in seiner Gefängniszeit aufgeworfene Frage nach dem »unbewußten Christentum«[54], die er sich selbst noch nicht beantworten konnte, sollte mit einem klaren Ja beantwortet werden. Vom Licht der Christuswahrheit, von den Wohltaten der Schöpfung Gottes leben nicht nur die, die an Christus oder an Gott glauben. Gott läßt seine Sonne aufgehen über die »Bösen und die Guten« (Mt 5,45). Und wenn die Gerechten leuchten wie die Sonne (Mt 13,43), dann haben nicht nur die Gerechten, sondern auch die Ungerechten Segen und Gewinn davon. Ohne dogmatisch zu fixieren, müssen wir erkennen, daß viele, die draußen sind (außerhalb der Gemeinde) irgendwie drinnen sind (im Lichte Christi), und viele, die drinnen zu leben meinen, in Wirklichkeit draußen sind. Uns interessiert hier nicht die heilsgeschichtliche Situation (ohne Wiedergeburt gehört jedenfalls niemand wirklich zum Leibe Christi – Joh 3), sondern die politische Konsequenz jenes Lichtes, das durch Christus in die Welt gekommen ist.

Für die christliche Gemeinde innerhalb der Gesellschaft ist jedoch wichtig, daß etwas von ihrem Licht, von der Kraft ihres Glaubens, von ihrer Liebe und Hoffnung auch in die Gesellschaft hineinstrahlt, daß sie Stadt auf dem Berge ist, die allen Menschen leuchtet und darum nicht verborgen sein kann (Mt 5,14).

Eine lebendige Gemeinde in einem Staatswesen wird darum nicht isoliert leben. So wie ein warmer Kachelofen nicht nur sich selbst, sondern ein ganzes Zimmer erwärmt, so wird eine lebendige Gemeinde Christi nicht nur sich selbst, sondern einen ganzen Raum mit ihrer geistlichen Kraft durchstrahlen. So wird eine lebendige christliche Gemeinde die Gesellschaft, in der sie lebt, verändern und das ist ihr Auftrag. Denn Christus will von den Christen, daß die Welt ihre guten Werke sieht (Mt 5,16).

Die Welt, in diesem besonderen Fall nun die politische Gemeinde, ist für das Licht, das die christliche Gemeinde ausstrahlt – wie Karl Barth es einmal formulierte – »gleichnisfähig«. Sie kann, weil sie ja Schöpfung Gottes ist, all das, was eine Gemeinde ausstrahlt, wie im Spiegelbild reflektieren. In diesem Zusammenhang müssen wir bedenken, daß Christus bei seiner ersten Ankunft auf dieser Erde ja nicht in die Hölle, sondern zunächst einmal in »sein Eigentum« gekommen ist.

Für dieses Zueinander von Gemeinde und Staat ein Beispiel: Christen sind als Kinder Gottes (besser im griechischen Urtext als

»Söhne Gottes«) befreite Menschen. Sie sind zur Freiheit berufen und niemandes Knecht. Wo der Herr ist, da ist der Geist und wo der Geist des Herrn ist, da ist Freiheit (2 Kor 3,17). Christus hat, wie wir gesehen haben, ausdrücklich (Lk 4,18) den Gefangenen gepredigt, daß sie frei sein sollen. Der Sohn macht frei, damit Christen nicht nur frei sind von der Schuld der Sünde, sondern auch von der Struktur der Sünde (Joh 8,36). Wo eine christliche Gemeinde lebendig ist, waltet also der Sinn auch für politische Freiheit. Freiheit wird als Lebenselement verstanden werden. Eine christliche Gemeinde wird sich darum prinzipiell dem totalitären Staat widersetzen. Der Christ als ein freier Mensch ist ein mündiger Bürger und er kann auch seinen Mitbürgern nur zumuten, als mündige Bürger zu existieren. Ganz konkret: Christen werden für eine rechtsstaatliche Demokratie votieren, weil sie Freiheit ausstrahlen.

Über diese Gedanken hinaus möchte ich hinzufügen, daß eine Diktatur da gar keine Chance hat, wo eine Gesellschaft vom christlichen Bewußtsein der Freiheit durchleuchtet ist. Die Zehn Gebote beginnen ja mit der Verheißung, daß der gebietende Gott sein Volk aus der Gefangenschaft Ägyptens herausgeführt hat. Eine total christentumsentfremdete Gesellschaft hingegen wird Freiheit nicht bewahren können, sie wird entweder der Anarchie oder der Diktatur verfallen.

Ein anderes Beispiel, das wir den Ausführungen Karl Barths entnehmen[55]: In der Bibel offenbart sich Gott doch als Gott des Zornes und des Gerichtes. Eine christliche Gemeinde will darum das Zueinander von Macht und Recht – sie will aber auch die Barmherzigkeit. Fällt das Licht des göttlichen Rechtes auf eine Gesellschaft, wird diese Gesellschaft verwundet sein, wenn das Recht zerstört wird. Sie wird die Zerstörung des Rechtes nicht hinnehmen, weil sie es gar nicht kann. Das umfaßt – so argumentiert Karl Barth – die Maßnahmen der Polizei, aber auch die bewaffnete Erhebung gegen ein Unrechtssystem und den Verteidigungskrieg eines Rechtsstaates gegen jedwede Aggression.[56]

Ein weiteres Beispiel: Christus kam aus der Armut, wurde unter dem Ausnahmezustand der Armut in einem Höhlenstall geboren. Die Solidarität mit den Armen, Elenden, Verlorenen, Ausgestoßenen und Sündern ist darum eines der »essentials« christlicher Politik. Christen leben von der Barmherzigkeit Gottes, darum werden sie barmherzig sein: »Selig sind die Barmherzigen, denn sie werden Barmherzigkeit erlangen« (Mt 5,7). Eine vom Christentum geprägte Gesellschaft ist darum eine barmherzige

Gesellschaft, die sich ihrer sozialen Verpflichtung im weiteren Sinne unbedingt bewußt sein wird.

Wird die christliche Gesellschaft in dem Sinne, wie hier dargestellt, auch eine ihr eigene, eben christliche Staatsform haben? Diese Frage scheint lästerlich angesichts der so oft wiederholten Formel, daß Christen unter jeder Staatsform leben können. Natürlich können sie das – auch unter Diktaturen, auch in totalitären Staaten – dann aber doch wohl eher leidend und duldend. Aber gäbe es nicht – nun einmal positiv gewendet – eine Gesellschaftsform, die dem »Wesen des Christentums« entspricht?

Aus dem Freiheitsverständnis des christlichen Glaubens und des christlichen Ethos heraus kann nur eine Gesellschaft freier Menschen das Ziel christlich motivierter Politik sein. Die »Freiheit des Christenmenschen« wird ihre politische Verwirklichung in der Demokratie finden, allerdings unter der Voraussetzung, daß diese Demokratie eine rechtsstaatliche, eben der Gerechtigkeit Gottes verpflichtete Demokratie ist. Nicht irgendeine, sondern die dem Gesetz Gottes verpflichtete Mehrheit, kann die Würde der Freiheit wahren. Anarchie und Tyrannei, die Rotte Korah und der Pharao sind in gleicher Weise Feinde jener Freiheit, die im Lichte Christi offenbar geworden ist.

Diese Freiheit wird eine christliche Gemeinde in ihrer eigenen Ordnung der Gesellschaft vorleben.[57] Eine christliche Gemeinde, die ihre Pfarrer und Presbyter frei wählt, die ihre Angelegenheiten mit anderen Gemeinden in gewählten Synoden ordnet, die keine Hierarchie kennt, die die Herrschaft des Pastors über den Pastor, des Presbyters über den Presbyter und des Diakons über den Diakon verneint,[58] wird schon allein wegen ihrer Gestalt eine Gesellschaft im positiven Sinne zur Demokratie motivieren, wie das Beispiel Schottlands, der Niederlande und der Schweiz geschichtlich nachweisbar zeigen. Es gibt im christlichen Verständnis der Kirche und der Gesellschaft keine Herrschaft des Menschen über den Menschen, sondern nur den Dienst des Verantwortlichen an der Gemeinschaft. Dabei legt er Rechenschaft ab, nicht nur vor der Gemeinschaft (Gesellschaft, Staat), sondern auch vor Gott.

7. Kapitel

Reaktionär, konservativ oder revolutionär – wie realisiert sich christliche Politik?

Haben Christen den Auftrag, diese Welt zu verändern, oder sollen sie darum besorgt sein, daß alles so bleibt wie es ist? Muß eine christliche Politik von »Law and Order«, von Recht und Ordnung um jeden Preis konservativ in dem Sinne sein, daß sie auf alle Fälle den Zustand der Gesellschaft konservieren muß, in dem sie gerade lebt?

Wie sah es in der urchristlichen Gemeinde aus? War sie konservativ, auf die Erhaltung gegebener politischer Zustände bedacht oder war sie revolutionär? Aus welchen gesellschaftlichen Schichten setzten sich die urchristlichen Gemeinden zusammen?

Es ist nicht schwer, aus den Überlieferungen ein übereinstimmendes Urteil herauszulesen: Es waren sehr einfache Leute, die untersten Schichten der damaligen Gesellschaft, eher schon die Unterprivilegierten, die sich zu den urchristlichen Gemeinden bekannten. Im 1. Brief an die Korinther (1 Kor 1,26) meint der Apostel Paulus im Blick auf die Zusammensetzung seiner Gemeinde: »Da gibt es nicht viele, die nach menschlichen Maßstäben weise, mächtig, hochwohlgeboren sind. Vielmehr, was in der Welt als töricht gilt hat Gott sich erwählt, um die Weisen zu beschämen, was schwach ist in der Welt, hat sich Gott erwählt, um zu beschämen, was stark ist. Und was in der Welt niedriger Herkunft ist und verachtet wird, was überhaupt nichts ist, hat sich Gott erwählt, um das, was etwas ist, zunichte zu machen.« Und der Christenfeind Celsus beschreibt noch um etwa 175 n. Chr. die Gemeinden auf folgende Weise: »Bei ihnen gilt der Grundsatz: Kein Gebildeter komme herzu, kein Weiser, kein Kluger, denn als schlimm gilt dies bei uns; sondern wenn einer unwissend, unverständig, ungebildet, einfältig ist, der komme getrost hinzu! Indem sie so diese als ihres Gottes würdig erklären, geben sie zu, daß sie nur die Einfältigen, Niedrigen, Unverständigen, Sklaven, Weiblein und Kindlein zur Aufnahme ihres Glaubens überreden können«.[59]

Haben die Gemeinden nun etwa im Sinne einer »Befreiungstheologie« etwas unternommen, um aus ihrer Verelendung, die man in mancherlei Hinsicht mit der Lage der Unterprivilegierten etwa in Lateinamerika oder sonst in der dritten Welt vergleichen könnte, herauszukommen?

Im Neuen Testament hören wir Aussagen, die zunächst einmal ganz das Gegenteil von Befreiung und Veränderung anzudeuten scheinen. Da ist zunächst keine Spur von Auflehnung, nicht einmal gegen Sklaverei, wenn Paulus schreibt (1 Kor 7,18–24): »Jeder soll in der Lage, in der er berufen ist, bleiben. Bist du als Sklave berufen? Laß es dir nicht leid sein! Selbst wenn du die Möglichkeit hast, frei zu werden, so bleibe gleichwohl um so lieber in deinem Stande. Denn der Sklave, der berufen worden ist, dem Herrn zu gehören, ist ein Freigelassener des Herrn; und wer als freier Mann berufen worden ist, ist ein Sklave Christi. Für einen hohen Preis seid ihr gekauft! Werdet darum keine Menschenknechte! Brüder, jeder soll in dem Stande, in dem er berufen worden ist, vor Gott bleiben.«

Zu dem unbedingten Gehorsam der Sklaven auch gegenüber ungerechten Herrn ruft der Apostel Petrus auf (1 Petr 2,18–20): »Ihr Sklaven: Ordnet euch euren Herrn in aller Ehrfurcht unter, nicht nur den gütigen und freundlichen, sondern auch den launischen. Denn das gefällt Gott wohl, wenn einer in Verantwortung vor Gott Leiden auf sich nimmt, die ihn ungerechterweise treffen. Denn was für einen Ruhm sollte es euch wohl einbringen, wenn ihr für Verfehlungen Schläge hinzunehmen hättet? Doch wenn ihr wegen guter Taten Leiden zu ertragen habt, das gefällt Gott wohl. Denn dazu seid ihr berufen: Auch Christus hat für euch gelitten und euch darin ein Beispiel hinterlassen.« Ähnliche Aussagen hören wir im Epheserbrief, dort in der sogenannten Haustafel (Eph 6,5–8). Man könnte noch einige andere »Unterwerfungskataloge« hinzufügen und sich dabei fragen, warum dies Denken im Status quo? Warum keine Veränderung? Lebten die Urchristen in einer unausweichlichen Sklavenmoral, wie Friedrich Nietzsche sie als charakteristisch für christliche Moral schlechthin darstellte? Waren diese Tagelöhner, die in ihrer Sorge um das Existenzminimum zu Sklaven ihrer Lebensangst wurden, Masochisten, die ihre Not als verdienstliche Askese betrachteten?

Zu den vielen Fragen haben die Theologen viele Antworten erdacht. Aus der Fülle der Antworten möchte ich zwei herauswählen, die ich für sehr bedeutsam und charakteristisch für moderne Theologie erachte:

1. Weil die Christen der Urgemeinde die Wiederkunft Christi noch zu ihren Lebzeiten als unmittelbar bevorstehend erwar-

teten, darum sahen sie eine Veränderung gesellschaftlicher Strukturen auf dieser nun bald vergehenden Welt als sinnlos an. Das ist der Standpunkt der sogenannten »konsequenten Eschatologie«. Die Urgemeinde ließ den »Status quo«, den Zustand, in dem sie sich zum christlichen Glauben bekehrt hatten unverändert. So argumentiert etwa Albert Schweitzer in seiner »Mystik des Apostels Paulus«[60].

2. Christen sind gerade in ihrer urchristlichen Existenzweise passiv, duldend bis zum Masochismus gewesen. Minutius Felix (etwa 2. Jhdt. nach Christi)[61] wirft den Christen vor, daß sie »aus der Hefe des Volkes unwissende Leute und leichtgläubige Weiber zusammenklauben und eine ruchlose Verschwörerschaft bilden, welche bei nächtlichen Zusammenkünften, bei hungerleiderischen Festen und kannibalischen Speisen nicht durch eine heilige Handlung, sondern durch ein Verbrechen sich verbrüdern, ein duckmäuseriges, lichtscheues Volk, stumm in der Öffentlichkeit, nur in den Winkeln redselig«.

Nach dieser Darstellung wäre von Veränderung, Befreiung, Aufbruch, sozialer Gerechtigkeit absolut gar nichts zu finden und das Neue Testament hätte – hier ganz im Gegensatz zur Thora des Alten Testamentes – allenfalls ein politisches Ethos bedingungsloser Unterwerfung anzubieten. Solch ein Ethos wäre – und war es auch wirklich – ein vorzügliches Instrument zur Aushaltung einer arbeits- und gehorsamswilligen Untertanenmentalität. Es gab und es gibt viele Politiker links und rechts, die genau das meinen, wenn sie auf die politischen Konsequenzen des Christusglaubens angesprochen werden. Für Friedrich Naumann zum Beispiel, der als liberaler Politiker und Bejaher moderner Industriegesellschaft das Neue Testament las, bestand kein Zweifel darüber, daß mit dem Ethos des Neuen Testamentes keine Politik zu machen sei.

Marxismus und Nationalsozialismus sahen beide auf ihre Art, urchristliches Gesellschaftsbewußtsein als unfähig an, verändernd in diese Welt hineinzuwirken. Die Parallelität der Argumentation ist dabei oft verblüffend.

Die Antwort auf diese Herausforderung urchristlichen Gesellschaftsverständnisses rührt an die Substanz nicht nur der politischen Ethik, sondern des Christentums überhaupt. Diese Antwort soll in folgenden sechs Kernaussagen gegeben werden:

1. Daß den Christen ihr Status auf dieser Erde gleichgültig sein soll, weil das Reich Gottes mit der unmittelbar erwarteten Wiederkunft Christi vor der Tür steht. Diese These der konse-

quenten Eschatologie ist nicht haltbar, weil gerade diese Begründung in allen entscheidenden Aussagen zum gesellschaftlichen Leben der Christen eben nicht gegeben wurde.[62]

2. Die urchristliche Gemeinde lebte in einer antiken Rechts- und damit Sklavenordnung, die sie angesichts ihrer Winzigkeit und Einflußlosigkeit als Diasporagemeinde nicht aufsprengen konnte. Die urchristliche Gemeinde hatte nicht die politische Autonomie, wie die jüdische Diasporagemeinde mit ihrem jahrhundertealten Erfahrungsschatz. Die armen Christengemeinden hatten keine der Möglichkeiten, die jüdische Gemeinden hatten, um Sklaven freizukaufen. Die urchristlichen Gemeinden mußten zunächst passiv eine Situation erdulden, die politisch für lange Zeit für sie unabänderlich war.

3. H. J. Yoder[63] macht darauf aufmerksam, daß die sogenannten »Dulder- oder Status-quo-Kataloge« keineswegs so konservativ seien, wie sie sich zunächst aus unserer modernen Bewußtseinslage heraus darstellen. Der antike Sklave teilte zum Beispiel die Religion seines Herrn und reflektierte seine eigene Sklavensituation nicht. Er war nicht gehorsam, weil er es wollte, sondern ausschließlich deswegen, weil er in der Gewalt eines anderen war. Das revolutionär Neue in den Sklavenaussagen der neutestamentlichen Briefe ist deswegen die Tatsache, daß Sklaven, die überhaupt über ihren Status bislang keinerlei persönliche Verantwortung hatten, nunmehr auf ihren moralischen Status hin angesprochen werden. Ihre unabänderliche Situation wird ihnen schonungslos klargemacht, aber sie werden auf freiwillige Unterwerfung angesichts einer unumgänglichen Notwendigkeit angesprochen, so wie man ohnmächtige christliche Insassen eines Konzentrationslagers zur bewußten Passivität aufruft, bis ihnen die Freiheit gebracht wird, die sie sich selbst nicht bringen können. Daß »die Gestalt der Welt vergeht« (1 Kor 7 und 31) muß nicht endzeitlich verstanden werden, sondern eher als eine Verheißung, daß das Reich Gottes zwar leidend aber dann triumphierend noch in dieser Zeit eine wesentliche Veränderung der Lebenssituation der Entrechteten bringen wird. Die Sklaven und Entrechteten werden zur Leidensbereitschaft aufgerufen, nicht des Leidens wegen, sondern weil am Ende dieses Leidens die Erlösung steht.

4. Wer immer auf dieser Welt in eine Zwangssituation kommt, ein Ohnmächtiger wird, so daß er durch repressive Gewalt gezwungen wird zu tun, was gegen die Ordnung Gottes ist, soll

gewiß sein, daß er teilnimmt an der Ohnmacht Christi (Bonhoeffer spricht sogar von der Ohnmacht Gottes), daß er nicht sinnlos leidet, sondern daß er mit Christus und Christus mit ihm leidet (Röm 6). Die Unterdrückten und Geschlagenen, die in den Briefen des Neuen Testamentes angesprochen werden, darunter vor allem die Sklaven, die heidnischen Herren dienen müssen, werden als Söhne und Mitarbeiter Gottes angesprochen. Ausgebeutete und Ohnmächtige sind sie innerhalb der Gestalt dieser Welt, aber nicht vor Gott, der der Herr dieser Welt ist. Dabei erhalten die Unterprivilegierten ein neues Bewußtsein, aus dem heraus sie schließlich ihr Dasein ändern können und werden.

5. Auf das Vorletzte der Leiden, der Ohnmacht und des Kreuzes folgt das Letzte der Auferstehung in Kraft und Freiheit. Das bedeutet, daß Freiheit als Ziel gesellschaftlichen Lebens unverzichtbar eingefordert bleibt im Sinne des von Jesus verkündeten Jubeljahres. Die Gefangenen sollen frei werden – an dieser Zielsetzung ändern die neutestamentlichen Briefe nichts. In diesem Sinne schreibt Paulus an den Sklavenhalter Philemon, daß er seinen entlaufenen Sklaven Onesimus als Bruder in Christus aufnehmen und behandeln soll. Ein durch Christus befreiter Herr kann nur einen freien Sklaven haben, der dann de facto eben nicht mehr Sklave, sondern – wenn auch unter der Autorität eines anderen – Mitarbeiter wird.

6. Autoritative Strukturen und Dienstverhältnisse werden auch in der Reichsgotteswirklichkeit, soweit sie sich auf dieser Erde verwirklicht, nicht aufgehoben. Die sogenannten Haustafeln des Apostels Paulus mit den Autoritätsstrukturen in Ehe und Familie sind eindeutig. So wird es auch in der Gesellschaft, die sich den Geboten Gottes beugt, Autoritätsstrukturen geben, die allerdings nicht versklaven, sondern im Zueinander von Freiheit und Ordnung die Menschenwürde garantieren, die von Christen ausstrahlen sollte, weil sie Söhne Gottes sind.

7. In der zweitausendjährigen Geschichte der Christenheit gab es Unterdrückung und Sklaverei, Ausbeutung und Menschenverachtung, sogar im Namen der Christenheit. Das hängt auch damit zusammen, daß es »den herkömmlichen christologischen Formeln, einschließlich der von Chalcedon (451) an Konkretheit und Geschichtsbezogenheit mangelte«. Daß durch griechisches Denken motivierte Dogma der Kirche verstand die Menschwerdung Christi als ein Eingehen in das Positive

von Natur, Geschichte und Gesellschaft. Dieses Dogma war – in seiner politischen Auswirkung – statisch bejahend und nicht dynamisch-revolutionär. Christologie muß aber revolutionär verstanden werden – gerade im Blick auf die von Christus bewirkte und eingeforderte Reichsgotteswirklichkeit. Die Inkarnation, das Eingehen des ewigen Logos in diese Welt ist ein Eingehen in den Schmerz, die Not, das Elend, das Chaos dieser Welt. Inkarnation heißt darum: Göttliche Ordnung und göttliches Recht gegen Chaos, Gewalt und Unterdrückung.[64]

Die Auferstehung Jesu ist von daher kein isoliertes Geschehen, kein bloß vergangenes Ereignis, sondern ist auch als Prozeß zu verstehen, als Auferstehung eines neuen Menschen, der seinerseits eine neue Gesellschaft realisiert.

Der Kampf der am Unrecht verwundeten Gemeinde Christi für eine neue Lebensordnung in Gerechtigkeit wird, solange diese Welt besteht, nie zu einem Ende kommen. Unser Christsein ist in der persönlichen wie in der politischen Dimension prozessual zu verstehen. Wir werden darum eher einer prozessualen als statischen Christologie das Wort reden, weil allein sie deutlich macht, daß unser Christsein auf dieser Erde ein fortwährender Kampf ist, der erst persönlich im Tod und weltgeschichtlich in der Wiederkunft sein Ende findet.

Prozessual bedeutet, daß die im Neuen Testament überlieferten Heilstaten, so wahr sie einmal geschehen sind, gleichzeitig dynamische Elemente eines Lebensprozesses sind, der sich sowohl im einzelnen als auch in der Gesellschaft abspielen soll und kann. Das bedeutet geistigen, geistlichen und gesellschaftlichen Kampf, denn der Christuswirklichkeit wird mit dämonischer List und Macht widerstanden werden. Aber die Gemeinde Christi bringt eine Kraft ein, die diese Welt nicht kaputtmachen kann. Darum haben die Christen eine Hoffnung, die die Welt nicht hat und auch nicht geben kann. Auch die Welt will eine Hoffnung, aber eine Hoffnung die man sieht, ist nicht Hoffnung, schreibt der Apostel Paulus (Röm 8,24). Was die Welt mit Hoffnung meint, ist Utopie oder Ideologie und das ist immer nur eine Desinformation des Bösen. Die wahre Hoffnung hingegen steht im Lichte Christi.

III. WIE KANN UND SOLL DER POLITIKER ALS CHRIST EXISTIEREN?

1. Kapitel

Christliche Politiker sollten Realisten sein

Das erste, was Politiker am Beginn ihrer Laufbahn lernen, ist die Brutalität des Überlebenskampfes, die Unzuverlässigkeit des »politischen Mitmenschen«. Politiker sehen vielleicht mehr als andere die schmutzige Seite dieser vom Machtkampf beschatteten Gesellschaft. Sie könnten von daher gesehen Welt- und Gottesverächter werden und in den Chor jener Dichter und Denker einstimmen, die einem Gott nicht verzeihen wollen, daß er diese Welt geschaffen hat: »Die Welt ist Gottes Sündenfall«, stöhnte einmal Friedrich Hebbel. Deutschlands wohl bedeutendster Dramatiker des 19. Jahrhunderts glaubt nicht »an einen guten Hausvater über den Sternen«, der, »zu ohnmächtig die Wunden seiner lieben Kinder zu verhüten, doch allmächtig genug ist, sie alle zu heilen«.[65] In das Kirchenlied »Freuet euch der schönen Erde . . .«, hätte aber auch Charles Darwin nicht einstimmen können. Ihm war »zu viel Leiden in der Welt« und er konnte sich ganz und gar nicht vorstellen, daß »ein wohlmeinender und allmächtiger Gott die Schlupfwespen ausgerechnet mit der Absicht geschaffen haben sollte, daß sie sich im lebenden Körper von Raupen ernähren – oder daß eine Katze mit Mäusen spielen sollte«.[66] Freudenverse über »göttlichen Abglanz der Schöpfung«, »den kein Auge fassen kann«, hätte Arthur Schopenhauer nur daran erinnert, »als hätte der liebe Gott die Welt geschaffen, damit der Teufel sie holen sollte; wonach er es denn viel besser getan haben würde, es zu unterlassen«.[67]

Die Liste derer, die Gott und die Welt nicht akzeptieren, sie eben so, wie sie ist, nicht mit Dankbarkeit aus Gottes Hand hinnehmen und damit keine Dankgebete sprechen können, ist gewiß sehr lang.

Dabei haben die eben Zitierten noch gar nicht unter Industriemüll, Ozonlöchern und Dunstglocken leiden müssen. Die Luft, die sie atmeten, die Wälder, in denen sie spazierengingen und die Flüsse, die sie noch mit Kutschen überquerten, waren rein und unverdorben. Sie haben aber auch für diese »reine Welt«, für die aus unserer Sicht »unverdorbene Natur«, einem Gott im Himmel nicht danken wollen.

Wir sollten mit diesen »Gottesfernen« nicht allzu schnell ins Gericht gehen, sondern uns den Realitäten stellen. Wenn viele, allzuviele heute danach dürsten, am Busen einer von den Untaten böser Technik befreiten Natur das Paradies zu finden, sollten sie sich daran erinnern lassen, daß dieser Wunschglaube utopistischer Politiker an eine heile und unschuldige Natur ein Mythos der Neuzeit ist, an dem schon viele, vor unserer modernen Zeit, zerbrochen sind.

Politiker, die die Welt und gar noch Menschen verachten, die bewußt oder unbewußt einem weltverachtenden Pessimismus frönen, sind allerdings keine christlichen Politiker, so sehr man sie auch verstehen möchte. Weltverächter dürfen Politiker eben nicht sein. Wenn sie es dennoch werden, werden sie nur Unheil anrichten.

Christliche Politiker dürfen aber auch keine Utopisten sein. Sie dürfen weder sich noch die Gesellschaft, noch die Welt überhaupt als ein Paradies mißverstehen. Sie werden sich immer wieder daran erinnern lassen müssen, daß ihre Mitmenschen oder Kollegen in der Politik keine Paradiesesvögel sind. Sehen sie die Realitäten nicht, so laufen sie nicht nur persönlich in das offene Messer, sondern führen auch eine ganze Gesellschaft in den Abgrund.

Wie ist es denn nun mit Gott und der Welt, in die Politiker Recht und Ordnung bringen sollen?

Christliches Weltverständnis kann nicht nur über diese Welt jubeln, sondern bezeugt auch, daß diese Schöpfung eine leidende, und sich nach Erlösung sehnende Schöpfung ist, daß alle Kreatur auf einen neuen Himmel und auf eine neue Erde wartet. Darum ist die messianische Botschaft der Bibel von einer Wiederkunft Christi, einem neuen Himmel und einer neuen Erde, so bedeutsam.

Diese Schöpfung – wir hören es im Alten Testament vor allem in den Psalmen und im Buche Hiob – ist vom Chaos bedrängt. Um dieses biblische Paradox kommen wir also nicht herum, wir müssen es stehenlassen: Die Schöpfung ist gute Schöpfung von

Gott. Aber gleichzeitig ist sie auch vom Chaos angefallene Schöpfung und steht gegen Gott. Und dennoch ist alles von ihm, durch ihn und zu ihm. Die Vollendung steht noch aus und sie wird erst das Alte vergehen lassen.

Allen Weltveränderungen sind Grenzen gesetzt. Ein christlicher Politiker wird und muß mit dieser Einsicht persönlich und politisch leben können, um als »demütiger Politiker« den Blick für die Realitäten, das jeweils Machbare nicht zu verlieren. Er muß mit Entschlossenheit dem Hochmut aller Ideologen und Utopisten widerstehen, die die Macht der Sünde, die Feindschaft gegen Gott, die immer noch bestehende dämonische Okkupation dieser Welt nicht erkennen wollen oder können, weil sie das Abgründige in sich selbst noch nicht einmal erkannt haben.

Bertrand Russel meinte einmal, wenn diese Welt, in der wir leben, Ergebnis einer Absicht sei, dann »müsse es die Absicht eines Teufels gewesen sein«.[68] Diese harten Worte verstehen sich vielleicht als Reaktion auf idyllisch-pseudochristliche Weltverklärung, die gerade viele sensible Gewissensmenschen zu Atheisten formiert hat. Christliches Weltverständnis freut sich über den Satz Jesu: »Mein Vater wirket bisher und ich wirke auch« (Joh 5,17). Das Wirken Jesu, dessen Reich nicht von dieser Welt war, sein heilendes, rettendes Handeln als Vorwegnahme seiner Wiederkunft macht eigentlich aus jedem Politiker einen »Reichsgottesarbeiter«. Der einmal kommen wird, ist schon da gewesen und seine Kraft ist in den Hoffenden, Glaubenden und Liebenden sehr mächtig. Diese Zuversicht bewirkt weder passive Aussteigementalität noch läßt sie »den lieben Gott einen guten Mann sein«, sondern sie lebt aus der dritten Bitte des Vaterunsers, daß der Wille Gottes auf dieser Erde geschehen solle und trotz allem auch geschehen wird, so wie er schon im Himmel geschieht und einmal in der Zukunft vollendet sein wird – wenn sein Reich wirklich gekommen ist.

Ein christlicher Politiker ist Realist nicht aus Resignation, sondern aus dem Wissen, daß er zwischen Ankunft und Wiederkunft Christi das Drama des Reiches Gottes durchleben muß und darf. Er ist Mitarbeiter Gottes, wenn er in eine vom Chaos bedrohten Gesellschaft immer wieder und immer wieder Recht und Ordnung hineinträgt.

2. Kapitel

Christliche Politiker müssen leidensfähig sein

In westlichen Wirtschaftswachstumsländern hat sich ein fast grenzenloses Anspruchsdenken durchgesetzt. Eine Generation, die im Wohlstand groß geworden ist und von Krisen und Katastrophen nur durch Tourismus, Medien und vielleicht auch einmal durch Geschichtsbücher erfährt, meint, daß man »alles haben könne«, daß politisch jeder Wunsch erfüllbar sei. Grenzenloser Optimismus ist gefragt. Abgründe will man allenfalls als Zuschauer erleben, aber nicht am eigenen Leibe spüren. Unsere Gesellschaft ist egoistisch und »konsumgeil« geworden. Etliche junge Politiker (männlich und weiblich) werden angesichts dieser unverschämten Anspruchsgesellschaft entweder pragmatisch bis zum Zynismus oder infantil in einer utopistischen Erwartungshaltung. In beiden Fällen handelt es sich um die Flucht vor dem Leiden. Dieses will man der Gesellschaft ausreden und sich selbst unbedingt ersparen. Ein Politiker aber, der nicht leiden kann oder will oder das Leiden mit zynischem Pragmatismus »abtreibt«, ist nicht nur kein christlicher, sondern ein unheilvoller Politiker.

Also leben Politiker in einer Gesellschaft, die als Anspruchsgesellschaft leidensflüchtig und konsumegoistisch ist, geradezu unreif und infantil agiert. Politiker, die mit solch einer Gesellschaft leben müssen, werden durch permanenten Erwartungsdruck gepeinigt. Als auf dem Davoser Wirtschaftsforum im Februar 1989 Thierry de Montbrial, der Chef des französischen Instituts für internationale Beziehungen, daran erinnerte, daß Geschichte auch tragisch verlaufen könne und daß angesichts des Bankrotts in Osteuropa die Perspektiven des westlichen Europa nicht nur rosig zu beurteilen seien, ging ein Murren und Knurren durch die Reihen der Hörer.

Politische Euphorie – durch konsumgeilen Erwartungsdruck einer leidensunfähigen Masse angeheizt – betreibt letztendlich den gesellschaftlichen Bankrott. Das gilt auch für jene deutsche Vereinigungseuphorie, die im Zwangsoptimismus gleich vier Stufen auf einmal nehmen will. Welcher Politiker wagt es denn noch, auch einmal die unangenehme Wahrheit zu sagen, daß für jeden Schritt nach vorne auch ein solcher Preis bezahlt werden muß, der notfalls sogar Leiden bringen kann? Wer kalkuliert die Aggressionen ein, die unüberhörbar unter der Decke unserer Wirtschaftsgesellschaft brodeln und die am Tage der Bewährung, sollte einmal Sand in das Getriebe unserer Wohlstandsmaschinerie kommen, uns alle zu Wahnsinnigen und Rasenden machen könnte?

Unseren Mitmenschen fehlt Leidensfähigkeit und Opferbereitschaft. Zum seelischen Gleichgewicht gehört aber nun einmal Leidensfähigkeit. Sicherlich nicht Leidensgeilheit. Christliches Lebensverständnis sucht Leiden nicht um des Leidens willen. Christen sind keine Masochisten. Aber unumstößlich gibt es – solange diese Erde besteht – Grenzen, an denen das Leid nicht »abgestellt« und auch nicht verdrängt, sondern getragen werden muß. Nicht jede Krankheit, sei es im politischen oder sei es im gesellschaftlichen Leben, ist immer und sofort abstellbar.

Leiden und Verzichten geben unserem Leben eine andere Qualität. Sie schenken innere Freiheit von dem Gang der kleinen und großen Dinge um uns herum. Im christlichen Glauben waltet jene tiefe Überzeugung, daß jedes Leid – wird es durchgetragen in Geduld, Hoffnung und Zuversicht – einmal und schlußendlich in Freude verwandelt wird. Auf Passion folgt Ostern, auf das Kreuz die Erlösung, auf den Tod die Auferstehung. Gewiß, das sind christliche Erfahrungen. Diese Erfahrungen haben aber einmal eine Kultur geprägt und es ist sehr zu fragen, ob wir ohne diese »christliche Lebensqualität« überleben können, wenn einmal harte Herausforderungen uns überfallen, die wir als Wohlstandsgesellschaft heute noch für undenkbar halten. Und es ist in der Geschichte noch nie einer Generation erspart geblieben, mit einer Herausforderung fertig zu werden. So wie im Leben der Völker, so geht es im Leben eines jeden einzelnen. Die Frage ist nur, ob die Stunde der Versuchung zur Stunde der Bewährung unter dem Kreuz oder zur Stunde des Untergangs im Chaos wird.

Daß das Leiden zur politischen Existenz gehört, ist heute keine Selbstverständlichkeit. Das Leiden überhaupt einen Sinn haben kann, ist keineswegs Gemeingut aller Philosophen und Religionen dieser Erde. Politiker, die leiden können, werden aber Wunden überwinden. Politiker sollten sich darum ihrer Verwundbarkeit nicht schämen. Nur der Verwundete kann auch überwinden, mit Enttäuschungen leben, Verleumdungen ertragen usw. Ein Politiker, der weiß, daß er am Kreuz nicht vorbeikommt, der bereit ist, das Kreuz auf sich zu nehmen, wird Wahrheit und Realität ertragen können. Er ist ein Segen für die Gesellschaft. Er ist ein Zeuge Christi allein schon darum, daß er als Politiker Leidensfähigkeit der Gesellschaft vorlebt. Man täusche sich nicht: Gerade solch ein Vorleben kann auch eine Anpassungsgesellschaft mehr als tausend Predigten überzeugen.

In diesem Zusammenhang ist es vielleicht nützlich, einmal »nichtchristliche« politische Existenz zu bedenken, damit deutlich wird, was spezifisch christliche politische Existenz ist. Alles bisher Gesagte wird nämlich beispielsweise ein muslimischer Politiker niemals akzeptieren. Sein Verständnis des Leidens, des Kreuzes, der Verwundbarkeit ist dem Christlichen entgegengesetzt.

So war es für Mohammed undenkbar, daß Jesus am Kreuz gestorben sei. Allmählich spricht sich hierzulande herum: Jesus hat eine zentrale Bedeutung für den Islam. Daß er von der Jungfrau Maria geboren, direkt von Gott geschaffen, daß er ein großer Prophet war, der viele Wunder vollbrachte, daß er am Ende der Zeiten wiederkommen wird zum Weltgericht – alles das war, ist und bleibt bedeutungsvoll für den Islam. Aber daß dieser Gerechte unschuldig am Kreuz leiden und sterben mußte, konnte und kann muslimische Religiosität nicht akzeptieren. Die Konsequenz ist (vor allem nach der vierten Sure), daß Jesus noch in geheimnisvoller Weise lebt, erst am Jüngsten Tage sterben und dann zum letzten Gericht als Zeuge gegen die Verirrten (und damit sind auch die Christen gemeint) auferweckt werden wird.

Nur Naivlinge würden eine solche religiöse Einstellung für politisch bedeutungslos halten. Die muslimische Revolution, der wir uns zweifellos gegenübersehen, wird uns noch darüber belehren, was eine Politik bedeutet, deren Initiatoren und Massen den Sinn und die Bedeutung des Kreuzes und des Leidens nicht kennen und nicht erfahren haben.

Daß Christus, »der Sohn Gottes«, am Kreuz starb, ist aber nun keineswegs nur für den Islam unfaßbar und unerträglich. Es standen zu Beginn des Jahres 1990 zwei Bücher auf der Bestsellerliste, die sich mit dem Leben und dem Werk Jesu beschäftigen. Franz Alt, der bekannte Fernsehmoderator, meinte in seinem »Jesus – der erste Mann«: »Er wurde nicht getötet, er erlitt nicht die Verwesung, heißt: nicht den endgültigen Tod. Er war bewußtlos.«[69] Nachdem er »körperlich wiederhergestellt war, ging Jesus nach Galiläa.« Wohin er dann ging und wo er starb, weiß Franz Alt allerdings nicht.

In dem anderen »Jesus-Bestseller« von Gérald Messadié, den

viele Bundesbürger einander 1990 zum Weihnachtsfest schenkten, liest man gegen Schluß des 751 Seiten starken Buches, daß Jesus den Josef von Arimathäa, dem das Grab gehörte, in das man den Gekreuzigten gelegt hatte, mit »blutunterlaufenen Augen ansah«. Jesus hätte Kreuz- und Grablegung überlebt und das Begräbnis sei nur »eine reine Komödie gewesen«. Jesus sei dann »ostwärts« gegangen – wohin, weiß auch Messadié nicht.[70] Daß diese Bücher reine Phantasie produzieren, ist die eine Wahrheit. Die andere Wahrheit ist, daß solche Jesusromane unsere moderne Gesellschaft über Jesus desinformieren.

Unsere westliche Gesellschaft will am Kreuz und am Leid vorbei den Genuß und die Selbstverwirklichung. Der muslimische Politiker will am Kreuz und am Leid vorbei den Triumph seiner Politik. Wie zum Kreuz Christi sagt der Islam auch zum Leiden der Gemeinde nein, »denn Glaubensgemeinde muß immer eine triumphierende, niemals eine leidende oder unterliegende sein«, urteilt der Islamforscher E. Kellerhals.[71] Daß dieses Glaubensverständnis politische Konsequenzen hat, versteht sich von selbst. Aber wir fragen, ob die einem glückshungrigen Lebensstil verfallenen Europäer unseres Landes nicht insofern mit dem Islam auf parallelen Geleisen denken, als sie das Leid auf alle Fälle und um jeden Preis aus ihrem Leben ausklammern möchten.

Politiker werden auf Erfolgszwang gesetzt. Hysterisch reagiert man auf Katastrophen des politischen und des eigenen Lebens. Man schreit auf, wenn Opfer gebracht werden sollen. Man schließt Augen und Verstand davor, daß die Welt so abgründig ist und daß in ihr eben auch der Gerechte leiden muß, ja daß das Kreuz unerbittlich zu irgendeiner Stunde auf eines jeden Schulter gelegt wird.

Auf Herausforderungen unserer Gesellschaft reagiert man hysterisch mit »Angst«, »Betroffenheit« und »Entsetzen«. Man wird auch im politischen Sinne in dieser christentumsverfremdeten Gesellschaft infantil. Man benimmt sich wie ein Kind, dem man das Spielzeug genommen hat und das den Glauben an den Weihnachtsmann verlor. Wer hingegen die Abgründigkeit seines Lebens sieht, seine Schuld vor Gott und Schuldigkeit vor den Mitmenschen, dem wird die Angst davor genommen, daß die Rache Gottes ihn zwingt, alle Rechnungen selbst bezahlen zu müssen. Die Botschaft vom Kreuz meint die Gnade. Wer sie annimmt, kann selbst gnädig sein. Wehe uns aber, wenn wir gnadenlos unter Gnadenlosen leben müßten. Wer die Botschaft vom Kreuz annimmt, kann leiden und mitleiden. Wehe uns, wenn wir leidensunfähig und mitleidlos werden.

Ein Politiker ohne Annahme des Kreuzes wird ein gnadenloser, leidensunfähiger, vor dem Unrecht kapitulierender – eben ein unchristlicher Politiker. Er wird aber vor allem ein kraftloser Politiker. Nur wer in seinem Leben unter dem Kreuz stand, kann die Kraft Gottes empfangen, der dem ruft, was nicht ist, daß es sei (Röm 4,17). Ich vermisse heute diese Politiker, sehe zuviel »Macher«, »Aussitzer«, »Verantwortungsflüchtlinge«, »Kulissenschieber«, »Populisten«, »Profilierungsneurotiker« – eben zuviel unchristliche Politiker. Wer nicht leiden kann, wer nicht unter das Kreuz will, ist schließlich auch ein käuflicher Politiker, wobei es gleichgültig ist, ob er mit Geld, Profitsucht, Populismus, Utopie oder Ideologie bestochen wird.

Ich möchte angesichts dieser harten Aussagen an das gemeinsame christlich-jüdische Erbe erinnern, soweit es die positive Botschaft vom Leiden und der Leidensfähigkeit bewahrt hat. Christen und Juden finden in der Aussage über den leidenden Gottesknecht des Propheten Jesaja gemeinsam eine Sinndeutung des Leidens, wie wir sie heute kaum noch akzeptieren wollen. Der Prophet Jesaja sieht visionär einen Gerechten, der von den Menschen verachtet und verlassen wird, »einen Mann der Schmerzen und mit Leid vertraut«, den man von Gott verlassen und bestraft hielt. Aber dieser Knecht Gottes »hat unsere Leiden getragen und unsere Schmerzen hat er auf sich genommen« (Jes 53,3 ff.). Die Christen sahen in dieser Gestalt eine Voraussage auf Christus selbst, der ihr Leid und ihre Schuld trägt und die Juden sahen in diesem leidenden Gottesknecht ihr eigenes Schicksal jahrtausendelanger Leiderfahrung. Gemeinsam aber ist die Erkenntnis, daß Leiden, ein sinnvolles Leiden ist, das uns in die Nähe der Barmherzigkeit Gottes bringt. Der Gerechte muß leiden. Leiden selbst aber macht barmherzig.

Diese Erkenntnis wird geboren aus gemeinsamer, sinnvoller Leiderfahrung. Leiderfahrung schlägt eine Brücke von Mensch zu Mensch, von Bruder zu Bruder, von Schwester zu Schwester – auch von Politiker zu Politiker: Es können doch nur solche Politiker gemeinsame Leiderfahrungen haben, die im gemeinsamen Dienst für die Gerechtigkeit kämpfen und wissen, daß sie als Gerechte leiden müssen. In unserem Lande, in dem nach einer gerade durchgeführten Meinungserhebung (1990) Gewaltausbrüche gerade auch bei Kindern und Jugendlichen eskalieren, in dieser Zeit aggressiven Ellbogen-Daseinskampfes kann Mitmenschlichkeit (ganz zu schweigen von Brüderlichkeit) nur gerettet werden, wenn die christlich-jüdische Erkenntnis vom Leiden heute vor allem wieder Kindern und Jugendlichen nahegebracht wird. Das wäre eine Aufgabe jener Politiker, die im Dienste für die Gerechtigkeit etwas von Leid, etwas vom Sinn der Leiderfahrung erkannt haben – wo sind diese Politiker?

Christliche Politiker sollen sich ihrer Leidensfähigkeit nicht schämen. Denn sie sollen auch wissen, daß Leiden nicht ein Zeichen der Schwäche, sondern der Kraft ist. Auch ein Zeichen dafür, daß man wirklich für die Gerechtigkeit kämpft. Leiden macht stark. Christliche Politiker brauchen diese Stärke, weil der Gerechte immer wieder leiden muß. Gerechtigkeit und Leidensfähigkeit gehören zusammen. Flucht vor dem Leid ist also auch Flucht vor der Gerechtigkeit und Flucht vor der Gerechtigkeit ist Flucht vor dem Leiden. Ein christlicher Politiker flieht weder Leid noch Gerechtigkeit, weil er daran glaubt, daß Gott ein Gott der Gerechtigkeit ist. In unserer Gesellschaft sitzt heute eine tiefe Angst, daß Politiker vor der Ungerechtigkeit kapitulieren könnten. Wo sind nun Politiker, die bereit sind für die Gerechtigkeit zu kämpfen aber auch dafür zu leiden?

3. Kapitel

Christliche Politiker glauben an den Sinn des Lebens und der Weltgeschichte

Angesichts der vielen Katastrophen auf unserem Planeten im Schatten von Völkermord und Umweltzerstörungen stellt sich die Frage: Was macht da eigentlich dieser Gott in einem Himmel, zu dem Christus aufgefahren ist? Peter de Rosa, einst katholischer Professor für Ethik an der Universität Westminster, klagte in seinem ins Deutsche übersetzte Buch über »Die Krise des christlichen Glaubens« mit dem Haupttitel »Der Jesus-Mythos« christliche Theologen radikal an: »Sie schildern weiterhin einen Jesus, der bis zur Unmenschlichkeit vollkommen ist, einen gut dressierten zahmen Gott, der immer wieder einschreitet, um aus Unrecht Recht zu machen, um Gebete zu erhören, indem er das Böse beiseite fegt . . . es ist besser nicht an einen Gott zu glauben, der Gebete selten und selektiv erhört, und meist Gebete um Triviales. Wenn er mir für meinen Tag am Meer gutes Wetter machen kann, warum heilt er dann nicht meinen Freund vom Krebs? Und wenn er einen Krebskranken auf Gebete hin heilt, warum denn nicht alle? Warum bleibt er der Gott des Krebses und der Epilepsie, der Armut und des Krieges?«[72] –

Also kein Himmel, überhaupt kein Gott im Himmel? Sind wir auf uns selbst zurückgeworfen? Gibt es gar keinen Sinn des Lebens, der Geschichte, der Zukunft?

Die Leere, die Einsamkeit als Gottverlassenheit kann gerade zur Versuchung christlicher Politiker werden. Mit einem militanten, ideologisch-motivierten Atheismus haben es christliche Politiker heute praktisch nicht mehr zu tun. Heroische Atheisten, die Gott vom Himmel stürzen, die den Himmel aus Gotteshaß erobern wollen, also die echten und radikalen Gottesleugner, wie etwa ein Lenin, sind heutzutage fast ausgestorben. Pierre Charles Baudelaires Aufruf an die Menschheit: »Steig eben in den Himmel hinauf und wirf Gott auf die Erde herab«,[73] weil dieser Gott alle seine Versprechungen nicht gehalten habe, erscheint uns heute als eine überholte Jugendflegelei des 19. Jahrhunderts. Denn wer will überhaupt in den Himmel aufsteigen, wenn es für die meisten Zeitgenossen gar keinen Himmel mehr gibt?

Christen allerdings glauben, daß Jesus Christus zwar nicht wie ein Titan aller Titanen in den Himmel aufstieg, wie es immer wieder falsch überliefert wird, sondern daß er in den Himmel »aufgenommen« wurde. Hier ist nicht ein »Aufsteiger«, sondern – so sahen es die Urchristen – Gott selbst der Handelnde. Peter de Rosa sieht Himmelfahrt da ganz und gar falsch, wenn er die Himmelfahrt als »raketenartigen Selbstantrieb Jesu« in den Himmel dort oben, irgendwo zwischen die Wolken, wo Gottes Wohnung ist ausmalen will.[74] Aufnahme in den Himmel – das ist eine Botschaft, die den Kämpfer für Gerechtigkeit des Reiches Gottes ankündigt, daß nach allen Niederlagen, Schmerzen, Leiden und Verohnmachtungen schlußendlich doch die Sache Gottes siegt. Am Ende triumphiert die Gerechtigkeit. Aber nicht nur am Ende triumphiert die Gerechtigkeit. Es ist ein Gott im Himmel, der die Dinge dieser Welt lenkt, auch wenn wir die Art und Weise seines Regimentes nicht verstehen.

Die Aufnahme in den Himmel, die »Inthronisation« (Christkönigsfest) des Erlösers hat politische Aussage: Alle Macht im Himmel und auf Erden ist ihm übergeben. Die Aufnahme in den Himmel machte Christus zum Haupt aller Herrschaft und Gewalt (vgl. Eph 1,21 und Kol 1,16). Der Kosmos ist also nicht leere Wüste, der Teufel regiert nicht diese Erde, die Sinnlosigkeit ist nicht das Schicksal allen Menschenlebens – über allem liegt der Triumph des Sinnhaften. Aber wie geht das? Wie stimmt das mit der politischen Wirklichkeit überein?

Man darf diese Aussagen auf keinen Fall im Sinne eines idyllischen Triumphalismus verstehen. Das idyllische Mißverständnis der sogenannten Himmelfahrt Christi, durch die alle bestehende politische Ordnung oder Unordnung gleichsam vom Himmel her abgesegnet wird, ist tödliches Unverständnis christlichen Glaubens. Christen lassen nicht passiv den lieben Gott einen guten Mann im Himmel sein, einen (nicht immer ganz zuverlässigen) Weihnachtsmann, der hin und wieder von dort her in das Leben eingreift.

Der Weg zum Triumph geht durch Leid und Kreuz. Je mehr sich ein Politiker oder ein politisch verantwortlicher Bürger in dieser Welt engagiert, um so mehr Rückschläge er zu erwarten, um so mehr Enttäuschungszonen er zu durchschreiten hat, um so mehr wird er an die ewige Gerechtigkeit glauben, die er eben auf dieser Erde nicht finden kann. »Nur einem heftigen Willen zum Diesseits entkeimt ... der Glaube an das Jenseits«,[75] meinte Reinhold Schneider und Dietrich Bonhoeffer sagt am Ende seines Lebens ganz klar, daß wir mitten in der Diesseitigkeit, auch im politischen Engagement dieser Welt der Jenseitigkeit Gottes begegnen. In diesem Kampf für Wahrheit, Gerechtigkeit, Freiheit und Ordnung gehen christliche Politiker durch Not, Elend und Leid hindurch – aber als Christen wissen sie – im Blick auf den Triumph Christi – daß hinter allen kurzatmigen Sinnlosigkeiten der letzte Sinn, die Absicht Gottes siegen wird.

Ein Politiker, der als Christ für Gerechtigkeit kämpft, kann es in Wahrheit nicht tun, ohne an den Sinn seines Kampfes zu glauben. Die Weltgeschichte, die Realitäten des politischen Alltags zeigen ihm diesen Sinn nicht. Darüber muß völlige Klarheit herrschen. Daß es einen Sinn eben dieses Kampfes für die Gerechtigkeit gibt, daß der politische Auftrag ein sinnerfüllter Auftrag ist, ist Sache des Glaubens. Nur im Glauben kann man das Sinnhafte politischen Daseins akzeptieren. Wer also meint, daß christliche Politik ohne Glauben betrieben werden könne, weil es nur um Inhalte des Naturrechts ginge, täuscht sich. Ohne Glauben an den Sinn dessen, was der Politiker als Politiker tut, kann er als gerechter Politiker nicht existieren. Aber der christliche Glaube an die Sinnhaftigkeit des Kampfes und die Gerechtigkeit ist ein Glaube, der Wunden überwinden kann. Welche Ideologie oder Utopie wäre dazu in der Lage?

»Man kann ja schließlich mich nicht dafür verantwortlich machen, daß die Geschichte in Sinnlosigkeit ausläuft«,[76] schrieb vor fast zwei Jahrzehnten im Schatten der Erinnerung an vergangene Grausamkeiten der jüdische Religionshistoriker H. J. Schoeps an Schalom Ben-Chorin. Einige Wochen später korrigierte sich Schoeps in einem anderen Brief: »Geschichte läuft nicht in Sinnlosigkeit aus, sondern in die Sinnlosigkeit der heutigen Phase.«

Das gilt nicht nur für geschichtliche Epochen, sondern auch für Abschnitte im Leben eines jeden Politikers. Es kann schon das Maß der Sinnlosigkeit hier und da in einem echten Politikerleben vollaufen – gerade dann, wenn er nicht Karriere machen, sondern etwas bewegen will. Es mag schon dunkel im politischen Leben werden, aber »über die im fremden Lande scheint es hell« (Jes 9,1). Auch diese Worte des Propheten Jesaja gehören zu den politischen Trostworten, die jeder christliche Politiker nötig hat. Wie gesagt – in einzelnen Fällen, in einzelnen Phasen der Geschichte und des persönlichen Lebens kann es den Anschein haben, als ob die Sinnlosigkeit triumphiert. Der christliche Glaube umfaßt in seiner Botschaft vom Sinn des Lebens und vom Sinn der Geschichte aber die ganze Geschichte des Planeten und der Menschheit – vom Anfang bis zum Ende. Und nur aus dieser Totalschau, im Blick auf das Ganze, das der Froschperspektive des einzelnen immer verborgen bleibt, kann eine Sinndeutung überhaupt erst gegeben werden. Es ist nur der allmächtige Gott, der dieses Ganze übersieht und in seinen Händen hält.

Christliche Politiker wissen um das Ende aller Dinge

Aber wozu alles politische Mühen um Recht und Ordnung auf dieser Welt, wenn nach dem Zeugnis alt- und neutestamentlicher Prophetie die Geschichte der Menschheit doch auf eine Katastrophe zusteuert, an deren Ende dann die Wiederkunft Christi (oder des Messias) erfolgen wird? Gerade die pietistisch Geprägten unter den Evangelikalen begründen mit solchen oder ähnlichen Fragen ihre politische Abstinenz.

Wenn es einen Tod der Geschichte gibt, warum dann noch politisches Handeln? Wenn die Erlösung dieser Welt durch die Wiederkunft Christi vom Himmel kommt, warum dann hier noch für Freiheit und Wohlstand kämpfen?

Die in der Bibel vorausgesetzte letzte »Schlacht aller Schlachten« der Menschheit, »die Schlacht von Harmagedon«, ist mitnichten eine Erfindung von Sekten. Der Schreckensname »Harmagedon« ist kein Phantom, sondern zu lokalisieren mit dem Ruinenhügel Megiddo, etwa fünfzehn Kilometer südwestlich von Nazareth, im Norden des heutigen Israel, an der Grenze von Samaria und Galiläa. Dieses Megiddo, heute eines der wichtigsten Operationsgebiete archäologischer Forschung, war Zeuge vieler Schlachten damaliger Großmächte und Israels in alttestamentlicher Zeit. Nach der Offenbarung des Johannes soll in ferner oder naher Zukunft die sechste Schale des Zornes auf den Euphrat ausgegossen werden und die Fürsten des ganzen Erdkreises werden sich dann in jenem Harmagedon zum endzeitlichen Krieg versammeln. Da würde dann auch die »Kelter des Weines, des Grimmes des Zornes Gottes, des Allmächtigen« (Offb 19,15), getreten werden. Im Israel-Konflikt 1990, als Saddam Hussein von der Schlacht aller Schlachten sprach, meinten viele Christen, nun sei die Stunde von Harmagedon bereits gekommen.

Über die Einordnung dieser biblischen Bilder vom Untergang einer planetarischen Gesellschaft sind sich die Theologen nie ganz einig geworden. Aber diejenigen unter ihnen, die dergleichen Aussagen nicht für Mythos halten, sondern als Vision einer durchaus einmal realisierbaren Katastrophe verstehen, glauben daran, daß diese Welt auch politisch – wie im einzelnen auch immer – dereinst durch ein Ende mit Schrecken hindurch muß, ehe eine neue Erde und ein neuer Himmel geschaffen werden, in welchem Gerechtigkeit wohnt.

Es wiederholt sich also die Frage: Warum noch politisches Engagement angesichts solcher Perspektiven? Von der Beantwortung dieser Frage hängt ab, ob ein bedeutender Teil der sogenannten Evangelikalen politisch motiviert werden kann, ob aus den Reihen dieser Evangelikalen christliche Politik oder nur endzeitlicher Quietismus zu erwarten ist.

Diesen Evangelikalen sei folgendes gesagt: Ganz abgesehen von dieser endzeitlich-biblischen, gesellschaftlichen Zukunftsvision wissen wir alle, daß der Tod als ein bitteres Ende unseres persönlichen Lebens gesetzt ist, gleichgültig wie die Geschichte weiterläuft. Auch für uns gilt unbedingt: Kein Leben ohne Tod. Nun wird kein ernsthafter Mensch darum, weil er einmal sterben muß, dafür sein Leben lang resignieren. Er wird sich dennoch morgens aus seinem Bett erheben und sein Leben so oder so sinnvoll gestalten wollen. Darum wird auch ein Politiker angesichts des zu erwartenden Todes der Geschichte nicht tatenlos bleiben.

In den endzeitlichen Bildern der Bibel wird ganz im Gegenteil Wachsein und Arbeit und geistlicher Kampf als der Zustand beschrieben, in dem der wiederkehrende Christus seine Gemeinde vorfinden will. Und wenn das Ende der Geschichte in dem Bild einer endzeitlichen Schlacht vorgestellt wird, dann ist damit doch auch wohl klar, daß der politische Kampf bis zum allerletzten Augenblick geführt wird, daß die Gerechtigkeit nicht nur leidend, sondern auch kämpfend dem wiederkehrenden Christus entgegengeht. Biblisches Endzeitdenken und christlicher Auferstehungsglaube führen also nicht in die Resignation, weil Christen fest davon überzeugt sein sollten, daß sie schon jetzt, in diesem Leben, an der Auferstehungskraft Christi teilhaben.

Daß diese Welt vergeht und ein neuer Himmel und eine neue Erde geschaffen werden, wird christliche Politiker nicht daran hindern, für die Erde, die Natur, die Umwelt besorgt zu sein. Wir lesen in der Bibel, daß Stürme gestillt werden, daß Regen auf dürres Land fällt, daß Kranke geheilt und Tote auferweckt werden. Dieser Auferstehungsglaube wird heute vielleicht mehr von jenen Gemeinden erfahren, die abseits der manchmal sehr ausgetrockneten Kirchlichkeit Europas christliche Botschaft dynamischer leben als wir.

»Gibt es das eigentlich noch, daß Christen die Vollmacht, die Jesus erhalten hatte, dazu gebrauchen, um über die Natur zu bestimmen . . .?«, fragte der Theologe C. Peter Wagner, der seit 1971 am Fuller Theological Seminary in Kalifornien lehrt und einer der einflußreichsten Theologen der sogenannten »Gemeindewachstums-Bewegung« ist.[77] In vielen seiner – zweifellos kritisch zu lesenden – dreißig Bücher schreibt er von dem hier im Westen fast völlig unbekannten Wachstum und der hierzulande verkümmerten Spiritualität christlicher Bewegungen in Südamerika. Daß Gebete Heilungen bewirken, Naturkatastrophen abwenden, ja in den Lauf der Natur wie des persönlichen Alltags eingreifen können, gehört bei diesen Gemeinden, die immer mehr die herkömmlichen Konfessionskirchen an Einfluß überbieten, zur Substanz ihres Glaubens- und Gebetslebens.

Wir können nicht – bei allem Wissen um die Umweltzerstörung industrieller Revolution – auf »Technik und Zivilisation« nur noch Steine werfen und uns daran ergötzen, wenn irgendwo aufgelesene Vorzeige-Steinzeitmenschen auf kirchlichen Großveranstaltungen natur-magische Beschwörungstänze zelebrieren. Daß wir »aus der Perspektive der Vögel, des Wassers, der Luft, der Bäume und der Berge heute die Bibel lesen sollen«, weil die »in unserer Zeit die Ärmsten der Armen darstellen«, wie die koreanische Theologieprofessorin Chung Hyung Kyung vor den 950 Delegierten der Vollversammlung des Weltkirchenrates im Februar 1990 im australischen Canberra predigte, ist wenig tröstlich und noch weniger biblisch. Wenn sie einen weiblichen Jesus dem traditionell christlichen Vatergott, dem »Macho-Gott« gegenüberstellt, weil weibliche Erlösungsmacht alles Leben durchblute und uns von dem herkömmlichen Gottesverständnis der Christen befreien könne, weil da ein streitbarer Gott nur die Guten rette, aber die Bösen bestrafe, so ist das unchristliche Spekulation. Und wenn dieser weibliche Jesus mit seinem »Liebesfeuer« die Schöpfung wie eine ostasiatische Göttin dereinst in das Nirwana geleiten solle, damit alles Menschenleben tiefste Geborgenheit finde an dem beglückenden Busen der Göttin Natur, so ist das neuheidnischer »Mythos des 20. Jahrhunderts«.

Auferstehungsbotschaft meint nicht das »Zurück zur Natur«, sondern die Überwindung und Befreiung der Natur. Allerdings dieses nur solange, bis ein neuer Himmel und eine neue Erde geschaffen werden. Die Vergötzung der Natur widerspricht der Endzeiterwartung biblischer Prophetie.

Für die Politiker bedeutet das konkret: So sehr wir uns auch um die Erhaltung der Umwelt bemühen, es wird uns nicht gelingen, diese Natur in ein Paradies umzuwandeln. Das Paradies ist ein für allemal verloren. Nicht wir schaffen ein Paradies auf Erden, nicht wir können eine neue Natur bereiten, sondern ein neuer Himmel und eine neue Erde werden bereitet werden, wenn das Ende aller Zeiten gekommen ist. Das bedeutet Realismus im Umgang mit der Bewältigung der Umweltzerstörung.

Politiker leben heute mit einer Gesellschaft, die ganz und gar diesseitig orientiert ist. Hier, dieses Leben, dieser Augenblick soll alles bringen. Das prägt dieser Zeit eine unübersehbare Diesseits-verkrampfung auf. Das Jenseits als Lebensziel und Lebenserwar-tung wird immer mehr in die Sekten verdrängt, weil auch die Großkirchen, insbesondere die evangelischen Kirchen, über das Vorletzte dieser Welt die Botschaft vom Letzten einer anderen Welt fast verloren haben.

Christlichen Politikern weht also der Wind ins Gesicht. Dafür ein konkretes Beispiel: Auf einer Gesundheitswelle denken Zeit-genossen über Politik nach. Wie man urgesund und knackig bis an das (möglichst weit hinauszuschiebende) Ende des Lebens protzen kann, ist Inhalt vieler unserer Tagesgespräche und vor allem der Medienlandschaft unserer Gegenwart. Am 13. Oktober 1990, auf einer kirchlichen Tagung, meinte der Kölner Sportso-ziologe Volker Ritter zur gegenwärtigen Sport-Fitneßwelle, daß in dem Maße, wie Menschen immer weniger an ein Jenseits des Todes glauben, der eigene Körper zur »Glücksformel« werde. Vitalität trotze dem Tod – und die das nicht mehr können oder wollen und den Glauben an ein ewiges Leben nach dem Tod verloren haben, werden immer häufiger durch Sinnkrisen zu Tode gepeinigt: 12 000 Menschen etwa nahmen oder nehmen sich jährlich in Westdeutschland freiwillig das Leben. 60 000 haben es ernstlich versucht und sind gegen ihren Willen vor der Selbst-tötung bewahrt worden. Die Tendenz der Selbsttötung ist steigend – vor allem bei älteren Menschen.

Unsere Gesellschaft lebt seit langem in einer Art »Ewigkeits-entfremdung«. Schon Heinrich Heine wollte das mit der Ewigkeit etwas genauer wissen. Als Student besuchte er in Berlin den anerkannten Meister aller Philosophen seiner Zeit, Georg Fried-rich Hegel, der sich zum Entsetzen Heines sehr zurückhaltend und abweisend zu einem Leben nach dem Tode äußerte. »Um Gottes willen«, rief Heine »es gibt also droben kein glückliches Lokal, um dort die Tugend nach dem Tode zu belohnen?« Darauf antwortete Hegel – nach Heines Darstellung – den Fragenden mit bleichen Augen stier ansehend: »Sie wollen also noch ein Trinkgeld dafür haben, daß Sie Ihre kranke Mutter gepflegt und Ihren Herrn Bruder nicht vergiftet haben?«[78]

Der Glaube an Gott und an ein ewiges Leben war also schon zur Zeit, als Heinrich Heine und Hegel lebten, also im Frühling des 19. Jahrhunderts, keine Selbstverständlichkeit mehr. Aber heute glauben immer noch 65 % der 320 Mio. Einwohner der Europäischen Gemeinschaft an Gott – und da ist zumindest die Frage nach dem ewigen Leben nicht ganz bedeutungslos geworden. Christliche Politiker werden diese Bedeutsamkeit auch in der Auseinandersetzung mit moderner Ideologie zu lernen haben.

Die großen Revolutionäre dieses Jahrhunderts, Männer wie Lenin, Stalin und Hitler, glaubten nicht an ein Weiterleben nach dem Tode. Hitler meinte, ihn könne kein Himmel reizen, in dem man nur »unansehnliche und geistig fade Frauen«[79] finden würde. Leider wollten diese und andere Titanen, die den Himmel verneinten, ewige Reiche hier auf Erden gründen. Verneinung der Ewigkeit vergöttert das Diesseits. Da werden Millionen Menschen geopfert, Kriege und Revolutionen inszeniert – damit werden soll, was doch nie werden kann: Das Paradies auf Erden. Bislang hat da aber immer noch der biblische Prophet recht behalten, der einst sagte, daß das Gras verdorrt und die Blume verwelkt und daß nur Gott von Ewigkeit zu Ewigkeit ist (Jes 40,7).

Ein Politiker, der nicht an die Ewigkeit glaubt, ist verdächtig. Er ist anfällig für eine Utopie, die Paradiese auf dieser Erde schaffen will. Oder er ist anfällig für einen grenzenlosen Zynismus, der es ihm erlaubt seine eigene Politik für sein eigens Ich zu betreiben, weil er nicht an eine vergeltende Gerechtigkeit glauben kann.

Es gibt und gab jedoch immer Politiker, die aus dem Glauben an ein ewiges Leben nicht nur ihr Leben, sondern auch ihre Politik gemeistert haben. Einer von ihnen, Otto von Bismarck, meinte, daß ein Leben ohne Himmel und Ewigkeit nicht »das An- und Ausziehen wert« wäre. Dem »eisernen Kanzler« blieb es unbegreiflich, »wie ein Mensch, der über sich nachdenkt und doch von Gott nichts weiß oder wissen will, sein Leben vor Verachtung und Langeweile ertragen kann.« Der sich als »bekehrter Christ« verstehende Bismarck, für den Gnade, Erlösung und Sünde keine

Leerformeln waren, schrieb einmal, daß er sein Leben »ablegen wollte wie ein schmutziges Hemd«, wenn er wie früher, vor seiner Bekehrung, ohne Gott, ohne seine Frau und Kinder leben müßte.[80]

Der Politiker Bismarck hat – in diesem Sinne typisch biblisch-realistisch – das abgründige, chaotische Dämonisch-Bedrohliche des politischen Lebens hautnah gespürt. Darum suchte, glaubte und wollte er – wenn schon auf Erden allzuvieles verworren war – die Stabilität einer gleichsam himmlisch garantierten absoluten Wahrheit: »Entziehen wir diese Grundlage dem Staat, so behalten wir als Staat nichts als ein zufälliges Aggregat von Rechten, eine Art Bollwerk gegen den Krieg aller gegen alle!« Den »vagen und wandelbaren Begriffen von Humanität« traute er weniger als dem »Urquell der ewigen Wahrheit«.[81] Otto von Bismarck, in dessen Seele sich – nach eigenem Zeugnis – auch bürgerkriegsähnliche Zustände abspielten, hatte also Hunger und Durst nach einer himmlisch begründeten Stabilität, die er gerade nicht von der Vergänglichkeit dieser Welt, sondern von der Unvergänglichkeit des Gottes der Christen erwartete.

Glaube an das ewige Leben (das zeigt das Beispiel Bismarck) gibt dem Politiker zumindest Realitätssinn, die Verantwortung vor einem absoluten Wert, vor einem ewigen Richteramt. Man mag Bismarcks Politik im einzelnen beurteilen wie man will, aber in diesem Wissen um die Verantwortung eines absoluten Ethos, eines ewigen Gerichtes, charakterisiert sich christliche Politik – gleichgültig in welchen politischen Formen sie im einzelnen ihren Ausdruck finden mag.

Der Vitalismus unserer Gegenwart hingegen, dieser zwanghafte Versuch, alles Glück nur in dieser Zeit, dieser Welt und in diesem Leben einzubringen, diese gierige und manisch-egoistische Diesseitsverkrampfung und Sinnentleerung hängen ganz gewiß damit zusammen, daß der Sinn für die Dimension des Ewigen verloren gegangen ist. Das ist eine der Konsequenzen der Christusentfremdung in unserer modernen Gesellschaft.

Ist der Tod eine schreckliche Realität, die man immer wieder verdrängen sollte? »Jawohl, der Tod ist schrecklich: Der Tod ist die Hölle, die Nacht und die Kälte, wenn ihn unser Glaube nicht verwandelt . . . es gibt nur einen Weg, den Tod zum Freund zu haben und der heißt Glaube . . .«, predigte Dietrich Bonhoeffer am Totensonntag 1934.[82] Wer den Tod nicht fürchtet, weil er an das ewige Leben glaubt, könnte auch die Angst vor diesem Leben verlieren. Christliche Politiker, die Angst vor dem Tod und dem Leben überwunden haben, die also aus einer echten

Gelassenheit heraus urteilen und handeln, wären ein Geschenk für eine Gesellschaft, die selbst von Lebensgier und Todesangst beschattet ist.

Der christliche Politiker lebt im Wissen um Tod, Gericht Gottes und Ewigkeit – eben in der Verantwortung vor dem Gericht Gottes. Er weiß, daß er Rechenschaft ablegen muß nicht nur vor der Gesellschaft. Darum ist der christliche Politiker ein Verantwortungspolitiker. Der Ernst der Verantwortung steht aber neben der Zuversicht der Gnade und der Vergebung. Aber wichtig für politisches Handeln ist eben dieses Wissen um die letzte Verantwortung vor Gott. Der christliche Politiker ist darum nicht am Erfolg orientiert, er ist kein Populist, sondern verstrahlt Gerechtigkeit in diese Welt hinein, in der die meisten Menschen – und das ist die Katastrophe unserer Zeit – an eine absolute, unabänderliche Gerechtigkeit nicht mehr glauben können.

IV. CHRISTLICHE POLITIK IST KONKRET

1. Kapitel

Ist christliche Politik in neuheidnischer Gesellschaft noch möglich?

(Das Beispiel »Schutz des ungeborenen Lebens«)

Viele Bürger dieses Landes meinen, daß Politiker mehr pragmatisch (»bis zur nächsten Wahl«) als grundsätzlich (staatsmännisch) entscheiden. An den Gesinnungspolitiker, der aus staatsmännischer oder sogar christlicher Überzeugung handelt, glaubt kaum noch jemand in diesem Lande. Daß man sich, so wie im Leben, so auch in der Politik mehr oder weniger auch mit privatem Interesse durchwurstelt und dabei die eigene Machtposition im Auge hat – davon ist leider die große Mehrheit der Bevölkerung nicht nur in Deutschland überzeugt.

Ob unter diesen Umständen christliche Politik, die sich ganz schlicht an den biblischen Geboten orientiert, also eine »Politik der Zehn Gebote«, heute noch möglich sein kann, entscheidet sich unter anderem an der Auseinandersetzung um den Schutz ungeborenen Lebens. In Deutschland ist dieser politische Streit mit dem § 218 des StGB verbunden und bekannt.

Zunächst ein trauriges Beispiel aus der Kirche: Daß ungeborenes Leben nicht abgetrieben werden darf, ist herkömmliche Überzeugung in allen christlichen Kirchen. Der in einer urchristlichen Schrift, der sogenannten »Apostellehre« formulierte Grundsatz »Du sollst nicht das Kind im Mutterschoß morden noch das Neugeborene töten«[83] wurde durch viele verbindliche Entscheidungen der Kirchen im Laufe ihrer zweitausendjährigen Geschichte bestätigt. Vom konservativen christlichen Ethos aus, das entstehendes Leben als Schöpfungsabsicht Gottes versteht (»im Mutterschoß habe ich dich bereitet«, Psalm 139,13)[84], kann es nur ein Nein zur Abtreibung geben, wenn Kirchen überhaupt ihre christlich-ethische Identität wahren wollen. Genauso kategorisch wie das Christentum hatte übrigens auch das talmudische Judentum Abtreibung verworfen und tut es noch heute. [85]

Außer Zweifel stand auch, daß diese Auffassung in einer Gesellschaft politisch und rechtsstaatlich verwirklicht werden muß. Das bedeutet, jüdische und christliche Religionsgemeinschaften kämpften um strafrechtlichen Schutz ungeborenen Lebens und forderten konsequenterweise die Bestrafung der Tötung ungeborenen Lebens.

Aus dieser Selbstverständlichkeit ist im Frühjahr 1991 die Synode der Evangelisch-Lutherischen Landeskirche Bayerns mit ihrer bereits erwähnten »Rosenheimer Erklärung« ausgeschieden. Zwar wird in dieser Erklärung bekannt, daß Abtreibung »Tötung menschlichen Lebens« sei. Aber neben der Konzession, in »aussichtsloser Notlage« mit »Schuld aller Beteiligten« eine Schwangerschaft abzubrechen, sollen – das ist das Bedeutsamste – »die betreffenden gesetzlichen Bestimmungen zum Schwangerschaftsabbruch nicht mehr im Strafgesetzbuch, sondern in einem Gesetz zum Schutze des ungeborenen menschlichen Lebens verankert werden«.[86]

Das Ende einer christlichen Politik kann an diesem Beispiel daran erkannt werden, daß darauf verzichtet wird, Gebote Gottes rechtsstaatlich zu schützen, die Zerstörung der von Gottes Gebot geschützten Rechtsgüter zu bestrafen. Das »Revolutionäre« an diesem Beispiel ist, daß die Kirche in einer »offiziellen« Synodalerklärung vor dem Unrecht kapituliert. Eine Synode wird populistisch, das Zueinander von Recht und Gebot wird in der modernen, aufgeklärten, sich dem Christentum immer mehr entfremdenden Gesellschaft nicht mehr akzeptiert – und eine Kirche paßt sich dem an.

In der ehemaligen DDR, wo noch weniger als ein Viertel der Bevölkerung sich zum Christentum bekennt, sind dreiviertel der Befragten für die Beibehaltung der dort geltenden Fristenregelung, also für die bedingungslose Freigabe der Abtreibung in den ersten drei Monaten der Schwangerschaft, während in der »alten Bundesrepublik«, in der laut Urteil des Bundesverfassungsgerichtshofes von 1975 diese Fristenregelung als grundgesetzwidrig verworfen wurde, immerhin etwa nur die Hälfte der Bevölkerung dafür stimmte, den Schwangerschaftsabbruch entweder überhaupt nicht zu bestrafen oder mindestens für die ersten drei Monate freizugeben.

Diese Situation – als entscheidendes Beispiel – ist für christliche Politiker dramatisch: Gilt noch christliches Ethos in diesem Lande? Kann eine politische Partei, die eine demokratische Mehrheit anstreben muß, wenn sie nach demokratischen Mehrheitsregeln ihre Politik durchsetzen will, noch ihren christlichen Prinzipien treu bleiben? Kann sie – und damit wird die Frage noch brennender – Positionen halten, die nun sogar von der Kirche in populistischer Anpassungsmanie aufgegeben werden? Soll eine christliche Partei als eine Art politischer Heilsarmee die Bevölkerung »bekehren« oder erwecken, um christlichen Werten treu bleiben zu können – in einem Zeitalter, in dem Politik »populistisch« und nicht als »Gesinnung« oder »Prinzipientreue« gehandelt wird?

Für viele Bürger in dieser an Konsum und Selbstverwirklichung orientierten Gesellschaft scheint die Frage nach Möglichkeit oder Unmöglichkeit einer Abtreibung eher am Rande ihres Interessenhorizontes zu liegen. Tatsächlich aber stellt die Beantwortung dieser Frage die christlichen Politiker vor eine Grundsatzentscheidung, der sie sich seit ihrer Gründung so nicht stellen mußten. Der anscheinend so unzeitgemäße Streit um den § 218, um Leben oder Tod der Ungeborenen, bringt im Grund die Wendemarke für die Zukunftsorientierung nicht nur der christlichen Partei, sondern der modernen Gesellschaft überhaupt.

Aber es gibt ein positives zweites Beispiel: Um so mutiger und respektvoller war der Entschluß der CSU auf dem kleinen Parteitag in Ansbach 1991, eine konservative Auslegung des § 218 durchzuhalten und für die Abtreibung nach wie vor rechtsstaatliche Strafbarkeit einzufordern. Es stellt sich also eine makabre Situation: Eine Kirche gibt auf, eine politische Partei fordert ein – nämlich die gesellschaftliche und damit rechtsstaatliche Achtung vor den christlichen Geboten. Eine Partei hat sogar den Mut, sich gegen den Trend einer öffentlichen Meinung zu stellen, sich einem Rechts- und Sittengrundsatz mehr zu verpflichten als einer populistischen Strategie. Aber wird das die politische Gesamtszenerie ändern?

Die etwa 500 000 Abtreibungen im wiedervereinten Deutschland wird zwar die Mehrheit der Bevölkerung nicht billigen, der strafrechtlichen Verfolgung wird sie aber in Zukunft immer weniger zustimmen. Unsere Gesellschaft lebt hier schon seit langem in der Grauzone eines ethischen Indifferentismus. Dieser Prozeß einer moralischen Vergleichgültigung allerdings wird sich in einer immer mehr christentumsentfremdenden Gesellschaft fortschreiben. Nicht nur, weil die Identitätskrise besonders protestantischer Kirchen dieses Ethos relativiert, sondern weil neue religiöse Erweckungsbewegungen zu einem großen Teil weniger ethisch als »pur religiös« orientiert sind: Religion soll stimulieren, Lebensrisiko abwenden, Bewußtsein erweitern, Wünsche erfüllen – aber in die ethische Pflicht wollen diese »Religiösen« immer weniger genommen werden. Viele religiös Bewegte sind gerade deswegen fasziniert, weil sie als außer- oder nebenchristliche Religionsgemeinschaften einen sogenannten breiten »Heilsweg« anbieten, der sich dem biblischen Ethos nicht verpflichtet weiß.

Das Bewußtsein der Schuld im Zusammenhang mit der Abtreibung schwindet also immer mehr. Zweifellos wird noch lange nicht jedem »das Abholzen von fünfzig Jahre alten Kastanien« mehr weh tun »als das Absaugen von Zellgewebe, das eine Frau in ihrem Körper nicht haben will« (wie 1988 eine »Grüne« Bundestagsabgeordnete in einem Positionspapier zum § 218 bekundete). Auch ist der Informationsstand über den »Urschleim« in weiten Teilen der Bevölkerung schlechtweg miserabel, wenn man bedenkt, daß in der Medizin die Schmerzwahrnehmung eines Embryos etwa im Zusammenhang mit einer Abtreibung kaum noch umstritten ist. Doch die Antwort auf die Frage, ob Menschenleben wirklich erst mit dem »Hirnleben« (etwa am 70. Tage nach der Befruchtung) oder nicht doch bereits schon in der zehnten Woche (so Bernhard Nathanson in seinem Anti-Abtreibungsfilm »Der stumme Schrei«) beginnt, bewegt sich doch immer mehr dahin, daß Leben im Sinne schmerzwahrnehmender Reaktionsfähigkeit sehr früh anzusetzen ist. Das Unheimliche dieser Situation wird deutlich dadurch, daß einmal eingefordert wurde, man müsse dem abzutreibenden Embryo zubilligen, was der Tierschutz für die Tötung eines Tieres verlangt, nämlich die Betäubung. Betäubung wird bei der Abtreibung an Embryonen und Föten bis heute nicht angewandt.

Der Streit um die Abtreibung – wenn man es denn überhaupt so nennen darf – ist kein Nebenkriegsschauplatz im Parteienstreit, sondern ein Politikum ersten Ranges, weil sich gerade an diesem Punkt entscheidet, welchen unbedingten Werten die Gesellschaft zukünftig verpflichtet sein will. Der Schutz des Lebens, des ungeborenen wie des greisenhaften, muß unantastbar sein, wenn die Grundsätze christlicher Humanität auch heute noch Geltung haben sollen.

2. Kapitel

Christen sind für den Rechtsstaat und gegen rechtsfreie Räume

Erinnern wir uns: Die noachidischen Gebote verlangen die Einsetzung der Gerichtsbarkeit. Macht und Recht gehören zusammen. Recht ohne Macht ist Ohnmacht – Macht ohne Recht ist Willkür. Die Macht des Rechtes schützt vor der Willkür und vor der Grausamkeit des Stärkeren. Ohne Rechtsordnung ist menschliches Zusammenleben undenkbar, es sei denn, daß man sich den Gesetzen des Dschungels unterwirft. Gerade der Arme und der Schwache wird durch das Recht geschützt.

Kennzeichen unserer Gegenwart ist nun aber, daß Recht gebrochen wird. Entscheidend dabei ist, daß das Unrechtsbewußtsein sowohl bei den Tätern als auch bei den Opfern schwindet. Gewalt und Verbrechen werden in den Medien, die immer mehr zu moralfreien Zonen ausarten, geradezu verherrlicht.

Gewalt- und Eigentumsdelikte steigen sprunghaft an. 1990 wurden 2 387 (täglich 6,5) Menschen Opfer von Mord und Totschlag. Die Zahl der Rauschgiftdelikte erhöhte sich zwischen 1989 und 1990 um 10,2 %. Fußballspiele können Städte in Angst und Schrecken versetzen. Nötigung, offene Brutalität, Raub und Aufruhr sind an der Tagesordnung. Erinnern wir uns an einige Tatsachen: 1990 wurden in den alten Bundesländern 45 333 kriminelle Delikte registriert. Das sind 100 000 mehr als im Vorjahr. Zum Vergleich: 1965 lag die Zahl der Straftaten noch bei rund 1,7 Mio. Die Zahl der Ladendiebstähle stieg 1990 um 22%, die der Taschendiebstähle auf 37,9 % an. Der Straßenraub, wobei man den Diebstahl von Handtaschen nicht einmal registrierte, nahm um 31 % zu, die Fälle von sexueller Nötigung um 10,3 %, der sexuelle Mißbrauch von Kindern (soweit er überhaupt aufgeklärt wurde und aufgeklärt werden kann) um 7,5 %.

Solche Zahlen, mit denen wir in der Tagespresse nur zu oft konfrontiert werden, fangen an zu langweilen. Wir gewöhnen uns daran. Aber dabei wird etwas Entscheidendes vergessen oder übersehen. Bedrohungen unserer Gesellschaft haben wir in herkömmlicher Weise von außen erwartet. Die sogenannte Ost-West-

Spannung hat uns jahrzehntelang in Atem gehalten. Daß eine Nation, ja daß ein ganzer Kulturkreis nach dem Motto »ein Apfel fault vom Kern« durch Auflösung von innen her kaputtgehen könnte, lag und liegt mehr oder weniger abseits des allgemein akzeptierten Gefahrenhorizontes. In der ehemaligen UdSSR ist heute nichts so aufregend wie die innere Auflösung, der Aufbruch von Gewalt, Chaos und Verbrechen. Es ist der innere Zerfall, die innere Chaotisierung, die wahrscheinlich mehr als äußere Kriegshandlungen unseren Planeten bedrohen.

Wenn Gewalt keinen Widerstand findet, wird sie noch gewalttätiger. Wenn Bürger anfangen, an einer Rechtsordnung und an dem Schutz des Staates zu zweifeln, dann ist eine tödliche Vertrauenskrise als Staatskrise vorprogrammiert. Eine Gesellschaft, die vor dem Terror kapituliert, ist wirklich am Ende.

Kriminalität will etwas haben, sie ist zielgerichtet. Es geht um die Beute. Der bei uns beobachtete gegenwärtige Terror hingegen ist oft ziellos, Abreaktion innerer Aggressionen, die nicht bewältigt wurden. Kriminalität und Terror gemeinsam ist die Hemmungslosigkeit im Aufstand gegen Recht und Ordnung, der Verlust der Scham, vor allem der Gewissensbildung und Gewissensbindung. Die aber können nur da entstehen, wo man echter Autorität begegnet, die Recht und Ordnung nicht als Lastträger, sondern als Überzeugungsträger vorlebt. Die hierzulande betriebene Verhöhnung einer absoluten Autorität, daß man – wie Luther es einmal ausdrückte – Gott »fürchtet und liebt«, wird letztendlich die Chaotisierung unserer Gesellschaft bewirken. Autorität, Recht und Ordnung sind hierzulande sogar in der Kirche selbst nur zu oft mit Zynismus bedacht worden. Wer an absolute Werte rüttelt, wurde der Held der Medien. Die Schamlosigkeit feiert Triumphe: Was aber, wenn nichts mehr da ist, woran man noch rütteln kann?

Noch hat die Mehrheit der Bevölkerung Vertrauen in die Ordnungsmacht des Staates. Nicht der schwache, der starke Staat ist heute gefragt, der nicht nur Verkehrssünder, sondern heimlichen und unheimlichen Chaoten mit aller Deutlichkeit die Grenzen zeigt. Ein schwacher Staat (heute wird nur jedes zweite Verbrechen aufgeklärt), der das Unrecht toleriert, ist ein unchristlicher, rechtsverlorener und letztlich grausamer Staat, weil er das Rechtsbewußtsein seiner Bürger kaputtmacht und die redlichen, schwachen, friedfertigen, rechtsbewußten Bürger nicht schützen kann.

Wenn Erich Fromm, die Leitfigur der »Alternativen« meinte, daß Aggressionen aus verhinderter Selbstverwirklichung entspringen, mag das eine gute Analyse sein. Uns fehlt aber heute die Erkenntnis, daß unbegrenzte, zum Teil ziellose Selbstverwirklichung auf Grenzen stößt, die das Leben nun einmal setzt. Wir müssen lernen, daß man nicht alles haben kann. Jeder Selbstverwirklichung sind Grenzen gesetzt, schon allein darum, weil »Glück« auf dieser Erde nicht machbar ist. Das »Glück«, wie wir heute den wünschenswerten Zustand unseres Daseins beschreiben, ist nicht eine Angelegenheit der Sache, des Habens, sondern des Seins. Die Bibel sieht die Erfüllung unseres Daseins auch nicht in dem, was wir »Glück« nennen, sondern in dem, was sie als Friede bekennt. Friede des Menschen mit Gott, mit seinen Mitmenschen und vor allem mit sich selbst. Aber wer hat diesen Frieden?

Dieses Leben ist kein Weihnachtsmärchen und Gott ist kein Weihnachtsmann, als ob alle Wünsche, die wir hätten, erfüllbar sein müßten. Recht, Scham, Gewissen, menschliche Selbstbeschränkung, innerer Frieden, Gottesvertrauen und Leidensbereitschaft gehören zusammen. Das sind zweifellos christliche Werte. Es wäre lächerlich anzunehmen, ohne diese Werte einen Rechtsstaat erhalten zu können.

3. Kapitel

Keine Macht ohne Recht – kein Recht ohne Macht. Christen verneinen den »Gewaltverzicht um jeden Preis«

Ein junger Soldat aus Bremen hatte während der Golfkrise 1990 seinen Antrag auf Kriegsdienstverweigerung ausdrücklich mit seiner christlichen Verantwortung begründet. Kann ein Christ im Ernstfall (wenn er töten müßte) Soldat sein? »Es steht doch geschrieben« (in dem wohl am meisten zitierten Abschnitt der Bibel, nämlich in der Bergpredigt), daß wir unsere Feinde lieben, dem Bösen nicht widerstehen und nach einem Streich auf die rechte auch noch die linke Wange hinhalten sollen (Mt 5,38 ff.).

Also doch wohl Frieden um jeden Preis? Sehr viele angesichts des Golfkriegs »Betroffene«, »Entsetzte« und »Beschämte« – vor allem unter Pazifisten innerhalb der evangelischen Kirche – skandierten und plagiierten damals »kein Blut für Öl«. Pfarrer im Norden und Süden der Republik riefen Soldaten aus ihrem dienstlichen Auftrag heraus zur Desertation und Kriegsdienstverweigerung auf, also zu Handlungen, die nach dem Gesetz dieses Staates strafbar sind. Militärseelsorge wurde in einer evangelischen Zeitung als »gotteslästerlich« und die Tatsache, daß der Militärseelsorge in der Bundesrepublik ein Bischof vorsteht, als »permanente Gotteslästerung« gebrandmarkt. Da wurde dann noch gefordert, man müsse mit der »Infragestellung von Armee und ihrer militärischen Strategien« im Zweifelsfall so weit gehen, »daß sie aus militärischer Sicht als ›Wehrkraftzersetzung‹ verstanden werden muß«. Um die fünfzig Soldaten verweigerten angesichts dieser kirchlichen Stimmen in Bremen den Kriegsdienst.

Haben diese und eine Armada anderer Stimmen für ein Christentum als »Religion des Friedens um jeden Preis« recht? Angesichts eines nur mit Tränen zu quittierenden Analphabetentums im Blick auf Aussagen der Bibel und des Bekenntnisses der Kirche sei zunächst daran erinnert, daß auch und gerade im Neuen Testament die Anerkennung einer Staatsmacht (Luther übersetzt »Obrigkeit«) als »Gottes Dienerin zum Guten« ausdrücklich eingefordert wird. Ohne Macht kein Recht und ohne Recht kein

112

Friede. Friede ohne Recht ist ein Widerspruch in sich selbst. Macht ohne Recht und Recht ohne Macht bedeuten Untergang im Chaos der Anarchie – also Zerstörung der Humanität. Der Jesus des Neuen Testamentes ist nicht jener »Mantel der Liebe«, der einfach über alle Scheußlichkeiten der Welt geworfen werden könnte. Er wird dargestellt als Richter der Endzeit, der den Triumph der Gerechtigkeit über alle Ungerechtigkeit offenbar machen wird. Dieser Jesus, der ausdrücklich fordert, dem Cäsar (also dem Staat), zu geben, was des Staates ist – also in diesem Falle die Macht – und Gott, was Gottes ist – also in diesem Falle die Gerechtigkeit – hat nicht in konfliktloser Hippie-Aussteigementalität gelebt. Er sah sein Zeugnis vielmehr in harter Konfrontation mit dem Tempel (»Fing an auszutreiben, die im Tempel verkauften und kauften; und die Tische der Wechsler und Sitze der Taubenverkäufer stieß er um«, Mt 21,12) und der religiösen Heuchelei der Pharisäer, denen er das Feuer der Hölle androhte.

Meint aber nicht die Bergrede Jesu Gewaltverzicht im Sinne eines politischen Pazifismus?[87]

Vielleicht ist es sinnvoll, sich die entscheidenden Sätze der Bergrede zu diesem Thema in Erinnerung zu rufen, wobei ich der Übersetzung von Ulrich Wilckens folge:

»Ihr habt gehört, daß geboten ist: Auge um Auge und Zahn um Zahn. Ich aber sage euch: Stellt euch keinem, der euch Unrecht tut entgegen. Sondern wo immer dich einer auf die rechte Backe schlägt, dem halte auch die andere hin! Und dem, der mit dir prozessieren und dir dein Hemd nehmen will, laß auch den Mantel. Und wenn dich einer eine Meile mitzugehen nötigt, dann gehe zwei mit ihm. Wer dich bittet, dem gib; wer von dir borgen will, den weise nicht ab! Ihr habt gehört, daß geboten ist, du sollst deinen Nächsten lieben und deinen Feind hassen! Ich aber sage euch: Liebet eure Feinde und betet für eure Verfolger, so werdet ihr zu Söhnen eures Vaters im Himmel. Denn er läßt seine Sonne über Böse wie Gute aufgehen und es regnen über Gerechte wie Ungerechte. Wenn ihr nur die liebt, die euch lieben, was für einen Lohn habt ihr dafür?« (Mt 5,39–46).

Es ist im Rahmen dieses Buches völlig unmöglich, eine umfassende Auslegung dieses Textes der Bergpredigt zu übermitteln. Hier geht es ausschließlich um jene Kernsätze, die politisch-pazifistisch mißverstanden werden. In manchem folge ich hier den Ausführungen von Pinchas Lapide.[88]

Der kleine, unterjochte Judenstaat, in dem Jesus lebte, war »zwischen Römerbrutalität und Zelotengewalt bis an den Rand des Unterganges gedrängt«.[89] Die brutale Herrschaft der römischen Besatzungsmacht forderte bewaffnete Aufstände heraus, die die Lage der Juden – wie die Jahre 70 und 135 zeigen – in die Verzweiflung des Unterganges getrieben haben.

In den Seligpreisungen, mit denen Jesus die Bergrede einleitet, erinnert er an den Propheten Jesaja: »Stärkt die müden Hände und erquickt die strauchelnden Knie! Sagt den verzagten Herzen: Seid getrost! Fürchtet euch nicht! Seht, es kommt euer Gott!« (Jes 53, 3–4). Dazu meint Pinchas Lapide, daß »ohne den wirksamen Zuspruch der Macht an die Ohnmächtigen, der Hoffnung an die Verzweifelnden und des Lichtes für die, die auf der Schattenseite des Lebens wohnen, keine tatkräftige Mitarbeit am Heilswerk dieser Welt erwartet werden könne«.[90]

Zur von Jesus gebotenen Feindesliebe ist zunächst einmal zu vermerken, daß das Gebot, man solle seine Feinde hassen, nicht im Alten Testament steht, daß aber in der Ordensregel der Sekte von Qumran vom Haß gegen alle Söhne der Finsternis die Rede ist. Dagegen wendet sich Jesus. Mit Recht vermerkt Pinchas Lapide: »Es gibt kein Gesetz, das den Feindeshaß vorschreibt, weder im Alten Testament noch im Talmud.«[91]

Jesus meint in seiner Verkündigung, so auch in der Bergrede, nicht den politischen Pazifismus. Vielmehr soll in der Nachfolge Jesu zu allererst der Friede gesucht werden, so wie Paulus (Röm. 12,18) schreibt: »Wenn möglich, so viel an euch liegt, lebt mit allen Menschen in Frieden.« Der Hasser soll durch Frieden überwunden werden, soweit das möglich ist. Der Unterdrückte, der allen Rechtes, aller Macht und allen Besitzes verlustig ging,[92] soll nicht sklavisch, sondern bewußt, im gleichsam positiven Protest, die Gewalt und Herrschaft in die Absurdität führen. Das ist die letzte Möglichkeit des Ohnmächtigen. Es wird darum nicht nur gefordert, eine Meile zu gehen – dazu konnte die römische Besatzungsmacht jeden Juden zwingen – sondern freiwillig noch eine zweite.

Kommt es zu einem freiwilligen Rechtsverzicht (Jesus konnte auch von seinen Nachfolgern erwarten, daß sie auf Leben, Familie, Ehe und Besitz verzichteten), wird damit aber das Zueinander von Macht und Recht im politischen Leben nicht aufgehoben. Jesus spricht die außerordentliche Situation der Entrechteten an, hebt aber das Recht nicht auf. Im Gegenteil, seine Worte über die Anwendung der Staatsgewalt zeigen, daß er sehr wohl um die Notwendigkeit des Zueinander von Macht und Recht gewußt hat. Mit Recht vermerkt Pinchas Lapide: Aber einer, der sagen kann:

»Ich bin nicht gekommen, um Frieden zu bringen, sondern das Schwert« (Mt 10,34), oder der seinen Jüngern rät, ihren Mantel zu verkaufen, auf »daß sie ein Schwert kaufen können« (Lk 22,36), – der ist kein »bedingungsloser Pazifist«.[93]

Die Aussagen in der Bergrede Jesu bezwecken eine Entfeindung. Der Feind soll beschämt werden. Er wird auf seinen »humanen Rest« hin angesprochen. Dadurch, daß der Ohnmächtige und Rechtlose sein Unterprivilegiertsein bis aufs Äußerste darstellt, will er die Entfeindung bewirken. Mit Recht erinnert Lapide daran, daß Jesus nicht sagt, bitte deinen Gegner um eine zweite Ohrfeige, sondern »halte die andere Backe hin!« (Mt 5,39). Jesus betreibt hier nicht Masochismus, sondern lebt der Hoffnung, daß der Gegner fair genug ist, um nicht ein zweitesmal zuzuschlagen. Der Beleidiger, der Schuldeintreiber soll durch die Großmut des Unterlegenen zur Scham bewegt werden.

Es ist auch daran zu erinnern, daß es im Normalfall gar nicht geht, einem anderen mit der rechten Hand auf die rechte Wange zu schlagen. Nur ein Linkshänder könnte die rechte Wange einer Person treffen, die ihm gegenübersteht. Lapide erinnert hier an eine Talmud-Abhandlung über Schadenersatz in Fällen von Körperverletzung. Dort heißt es: »Wenn jemand seinem Nachbarn eine Ohrfeige gibt . . . so zahlt er 200 Sus als Wiedergutmachung . . . geschah es aber mit verkehrter Hand – also mit dem Handrücken – so zahlt er 400 Sus. Warum das Doppelte? Der Schlag mit dem Handrücken schmerzt zwar weniger, gilt aber als Geste der Verachtung, die größeren Schimpf zufügt und zwiefach bloßstellt und beleidigt.« – Die Folgerung ist: Jesus spricht hier nicht von einem Schläger, der allein weh tun will, sondern von einer gezielten Verunglimpfung, auf die der Recht- und Wehrlose nicht reagieren soll. Zu erinnern ist hier auch an den Propheten Jeremia: »Es ist ein köstlich Ding für einen Mann, daß er das Joch in seiner Jugend trage. Er sitze einsam und schweige, wenn Gott es ihm auferlegt und stecke seinen Mund in den Staub; vielleicht ist noch Hoffnung. Er biete die Backe dar dem, der ihn schlägt und lasse sich viel Schmach antun. Denn der Herr verstößt nicht ewig; sondern er betrübt wohl und erbarmt sich wieder nach seiner großen Güte« (Klgl 3,27–31). Auf diese Stelle verweist Lapide.[94]

Ich verstehe damit dieses »Backenwort« so, daß der, der als Unterprivilegierter Schande einstecken muß, dieses bewußt tun soll. Er soll die Züchtigung hinnehmen, gleichzeitig aber darauf sich verlassen, daß der Herr nicht ewig verstößt, sondern »sich erbarmt nach seiner großen Güte«. Die Gewaltlosigkeit ist also nicht Endzweck, hat keinen Sinn in sich, sondern ist einmal Mittel zur Entfeindung und sodann Hoffnung darauf, daß Gott auch dem Rechtlosen wieder Recht verschaffen wird.

Das Zueinander von Macht und Recht (also der Rechtsstaat) wird nach innen und außen, auch in der Anwendung von Gewalt, dem Unrecht entgegentreten. Von Ambrosius von Mailand (im 4. Jhdt.) über Augustin, Luther und Calvin, also in beiden großen Konfessionen, wurde darum der gerechte Krieg zur Wahrung von Recht und Ordnung und zur Behütung und Wiederherstellung des Friedens gegen die zerstörerische Aggression eindeutig als politische Möglichkeit anerkannt und bekannt.

Auf der ersten Vollversammlung des Ökomenischen Rates der Kirchen in Amsterdam 1948, also nun im Zeitalter des Atomkrieges, hieß es zwar einerseits »Krieg soll nach Gottes Willen nicht sein«, andererseits aber wurde vermerkt, daß man auf dieser bösen Welt nicht »aus der ausweglosen Zwangssituation herauskäme, daß Waffenlosigkeit den Anreiz zur Gewaltigung durch andere biete«. Natürlich soll Krieg nicht sein, genausowenig wie Mord, Diebstahl, Ehebruch oder Lüge sein sollen. Weil aber der Mensch als Feind der Gebote Gottes sich immer wieder gegen das Gebot und damit nicht nur gegen Gott, sondern auch gegen seine Mitmenschen auflehnt, muß durch das Zueinander von Macht und Recht gerade der Machtlose vor dem Mächtigen, der Verfolgte vor dem Verfolger geschützt werden.

In den siebziger und achtziger Jahren wurde dann (eindeutig auf der sechsten Weltkonferenz des Ökomenischen Rates in Vancouver 1983, dem allerdings nur die Hälfte der Christenheit angehört) jede Teilnahme am Atomkrieg, die Herstellung, Stationierung und jeglicher Einsatz von Atomwaffen als Verbrechen gegen die Menschlichkeit gebrandmarkt. Der Atomkrieg könne niemals ein gerechter Krieg sein, weil er schließlich auch das zerstöre, was verteidigt werden soll. In den Kirchen wurde und wird aus dieser Sicht der Dinge (also nicht aus einem grundsätzlichen Pazifismus heraus) um das Ja oder Nein der Möglichkeit eines Atomkrieges bis heute gerungen.

Kein Zweifel, Krieg ist von Gott nicht gewollt und widerstrebt der von ihm gesetzten Ordnung. Aber auch Ehebruch, Leugnung elterlicher Autorität, Diebstahl und Abtreibung sind von Gott nicht gewollt. Wir leben in einer Welt, die in Feindschaft gegen Gott lebt. Wenn diese Welt nicht im Chaos versinken soll, bedarf es der Gewalt, die Recht und Ordnung schützt. Darum ist dem biblischen Ethos die Zuordnung von Macht und Gerechtigkeit als eine diese Welt erhaltende Notordnung ausdrücklich geboten.

Das Leben ist nach Aussage Jesu selbst nicht der höchste Wert und notfalls muß das äußerste Opfer gebracht werden, wenn wirklich Friede in Gerechtigkeit sein soll. Denn ein Friede ohne Gerechtigkeit ist kein Friede. Unsere Gegenwart zeigt, daß man auf diesem »Raumschiff Erde« ohne das Zueinander von Macht und Recht nicht überleben kann. Erst der Friede in einer kommenden Welt, nach der Wiederkunft des Welterlösers, wird die Umwandlung der Schwerter in Pflugscharen bringen. Aber solange wir in dieser Wirklichkeit leben, in der immer wieder geschieht, was nach Gottes Willen eben nicht geschehen soll, wird Friede ohne Recht und Macht nicht zu haben sein. »Rechtsfreie Räume« mit sendungsbewußten Diktatoren, ist genauso zu widerstehen wie jenen »autonomen Banden«, die unsere eigene Gesellschaft von innen kaputtmachen wollen.

Christen bejahen das Zueinander von Macht und Recht, um gegen Chaos und Brutalität den Frieden wiederherzustellen und Ungerechtigkeit abzuwehren. Der Friede wird immer wieder das Opfer – auch von der lustbetonten, verwöhnten und durch einige Utopien irritierten Gesellschaft – für dieses Zueinander von Macht und Recht einfordern. Aber solange wir noch verwundbar sind, wenn die in den Geboten offenbar gewordene Gerechtigkeit Gottes geschändet wird, können wir im Kampf für Recht und Frieden überwinden. Wenn der Kutscher trunken ist – ich erinnere noch einmal an diese entscheidende Aussage Dietrich Bonhoeffers –, können wir nicht nur die Opfer verbinden, die unter die Räder gekommen sind, sondern müssen den Rädern selbst in die Speichen greifen.

Christen votieren für das christliche Abendland – gegen das multikulturelle Chaos

Multikulturelle Gesellschaften sind gefährdete Gesellschaften. Die Geschichte dieses Jahrhunderts hat das gezeigt und zeigt es noch heute. Sitte, Tradition, Recht sind eingebettet in geschichtlich Gewordenes. Es liegt nun im Stil unseres Gegenwartsbewußtseins, wie es etwa in der »negativen Dialektik« der »kritischen Theorie« (auch Frankfurter Schule genannt) zum Ausdruck kommt, daß Geschichte von der Steinzeit bis heute als Geschichte des Absurden verstanden wird. Schließlich hat auch Karl Marx gemeint, daß ein Ende der Geschichte der Anfang des Paradieses auf Erden sei. Ende der Geschichte bedeutet Auflösung der Traditionen, des Brauchtums, vor allem des Rechtsbewußtseins. Die neue multikulturelle Gesellschaft, von der niemand weiß, wie sie aussehen soll, aber jeder Utopist verlangt, daß sie herkömmliche Werte in aller Ruhe auflösen kann, ist die Motivation vieler Propagandisten für ungehemmten Asylantenzufluß. Und das hat mit Erbarmen oder Nächstenliebe zunächst wenig zu tun.

Auf politisches Wunschdenken, das von einer multikulturellen Gesellschaft träumt, macht es keinen Eindruck, daß Asylanten eben Wirtschafts-, Elends-, Chaos- oder Umweltflüchtlinge und überwiegend keine politisch Verfolgten sind. In völlig überholten Vorstellungsformen denkt und spricht man von Asyl, obgleich es schon lange bei vielen nicht mehr um politisches Asyl geht. Auch in vielen Kirchenzeitungen ist es wie ein Dogma zu lesen, die Bundesrepublik sei spätestens seit den sechziger Jahren Einwanderungsland und würde es als reiches Land des Nordens bleiben, solange wirtschaftliche Abhängigkeit zwei Drittel der Welt in Armut halten.

Die Not der dritten Welt, so hört man es auch heute von vielen Theologen, habe uns Reichen den armen Lazarus vor die Tür gesetzt. Wenn wir nicht, wie einst der reiche Mann (aus dem Gleichnis Jesu) in die Hölle kommen wollten (an die die modernistische Theologie allerdings gar nicht glaubt), weil er sich um den armen Lazarus nicht gekümmert habe, dann sollten wir ihn –

sprich die dritte Welt – in unser Wohlstandshaus hereinholen. Wie das aber vor sich gehen soll, eine Armutsvölkerwanderung zu verkraften, beschwert jene nicht, die von einer multikulturellen Gesellschaft träumen und frohen Sinnes dabei ein revolutionäres Proletariat herausspringen sehen, mit dem vielleicht endlich die langersehnte Umverteilung und die soziale Revolution gegen die »Repression« einer sogenannten kapitalistischen Gesellschaftsordnung in Gang gesetzt werden könnte.

Die 68er-Revolutionäre hätten dann doch vielleicht wieder eine Chance. Hatte nicht Herbert Marcuse ihnen damals beigebracht, unter der konservativen Volksbasis befinde sich das Substrat der Geächteten und Außenseiter, der Ausgebeuteten und Verfolgten anderer Rassen und anderer Farben, die Arbeitslosen und Arbeitsunfähigen; und ihr Leben bedürfe am unmittelbarsten und realsten der Abschaffung unerträglicher Verhältnisse und Institutionen; und damit würde ihre Opposition revolutionär? Also doch noch Hoffnung auf eine Revolution in diesem Lande, dank Asylanten und Elends-, Wirtschafts- und Chaosflüchtlingen?

Wer Elendsflüchtlinge und Asylanten um jeden Preis aufnehmen will, argumentiert nicht als Christ, sondern als Pharisäer, denn wir haben es nicht mit diesem oder jenem armen Lazarus, Fremdling oder Asylanten, sondern mit dem Anfang einer Völkerwanderung zu tun, die unsere immer noch vorhandene christlich-abendländische Identität und damit das ihr gegebene Verständnis von Recht, Freiheit, Sozial- und Eigentumsordnung kaputtmachen könnte. Im Jahre 1990 stieg die Zahl der Asylanten um 86 %, von denen 90 % Wirtschaftsflüchtlinge waren. 1991 lebten in Deutschland 900 000 Asylanten. Statistisch hat Deutschland unter den Ländern der Europäischen Gemeinschaft den höchsten Ausländeranteil. Dabei liegt die Quote der anerkannten Asylbewerber bei weniger als 10 %. Von 11 000 Indern, die in unser Land kamen, konnte nur einer als Asylant anerkannt werden. Im Jahre 1991 kamen täglich 500 Asylanten nach Deutschland.

Kein Zweifel darf natürlich darüber bestehen, daß Menschen, die um der Gerechtigkeit willen verfolgt werden und deren Leben in Gefahr ist, aufgenommen werden müssen. Darüber ist in allen ernstzunehmenden politischen Kreisen Übereinstimmung vorhanden.

Als die Väter der Verfassung der Bundesrepublik im Artikel 16 des Grundgesetzes das Asylrecht garantierten, haben sie mit absoluter Sicherheit nicht an eine Völkerwanderung aus der dritten Welt gedacht. Auch die Möglichkeit von Elends- und Wirtschaftsflüchtlingen muß außerhalb ihres Horizontes gelegen haben, denn das Deutschland der Jahre 1945–1948 war ein Elendsland, das die Deutschen eben nicht verließen, sondern in dem sie alles taten für einen Wiederaufbau sowohl der Wirtschaft als auch des Staates in Gerechtigkeit und Freiheit. Aber nicht nur die Deutschen, auch andere demokratische Länder konnten nicht ahnen, was es bedeuten würde, allen Menschen auf diesem Planeten so oder so absolute Freizügigkeit des Reisens zu gewähren.

Als 1972 der US-Präsident R. Nixon in China für mehr Reisefreiheit plädierte, wurde er von Mao-Tse-tung gefragt, wie viele Millionen die USA aufnehmen wollte. Die Länder des Ostens, Südens und des Mittelmeerraumes drängen auf Europa und formieren sich allmählich zum großen Marsch in die freie Welt des Wohlstandes und der Freiheit. Die arme Welt will eindringen in das von ihnen so verstandene Paradies der wohlhabenden Völker. Das wird das Problem nicht erst der kommenden Jahrzehnte, sondern schon der kommenden Jahre sein.

Durch die Bevölkerungsexplosion in der dritten Welt (Zuwachsrate 80 Mio. pro Jahr) steigt die Weltbevölkerung bis zum Jahre 2000 auf etwa sechs Milliarden – das wäre eine Verdoppelung der Weltbevölkerung in nur dreißig Jahren. Von denen – so schätzt man – träumen ein bis zwei Milliarden davon, noch in diesem Jahrtausend in das »Paradies der Industrieländer« einzuwandern. Wird man sich, auch wenn man es wollte, dagegen abschotten können? Die USA haben ihre Grenze zu Mexiko zu einer mit Gittern und Elektrozäunen, Patrouillen und Hubschraubern versehenen Sperrzone gemacht. Dennoch schätzt man die Zahl derer, die diese Grenze durchdringen, auf ein bis zwei Millionen pro Jahr.

Wissen die »moralisch Aufgerüsteten«, die eine multikulturelle freie Flüchtlingsrepublik in Deutschland und Europa wollen, daß die meisten Flüchtlinge mit Hilfe von Schleuserbanden in die Bundesrepublik kommen, daß viele Asylanten nicht die Allerärmsten, nicht »die Geringsten aller Brüder« sind, wenn sie für Schlepperorganisationen fünftausend bis zehntausend Mark aufbringen können – das alles im Rahmen einer organisierten Kriminalität? Was wird aus den wirklich Ärmsten der Armen, die nicht das Geld, die Cleverneß oder die Ellbogenstärke haben, um sich zum Rentnerniveau eines Wirtschaftsparadieses durchzuboxen, sondern sich in den Notstandsländern zu Tode hungern müssen? Ist es nicht eine üble Art von Pharisäismus, wenn man es glücklichen Vorzeige-Asylanten gutgehen lassen will und darüber die harte Wirklichkeit des Notstandes in der dritten Welt und die dazu nötigen Aufgaben und Unternehmungen vergißt oder verkennt?

Gewiß, die Liebe zum Fremdling war schon im Alten Testament allen ans Herz gelegt. Er wurde vor Gericht gleich behandelt, mußte aber, wenn er lange im Lande lebte, sich des Götzendienstes und »sittlicher Greuel« enthalten, sich also dem Sittengesetz der alttestamentlichen Gesellschaft unterwerfen und darüber hinaus die geltenden religiösen und kultischen Verpflichtungen übernehmen. Eine religiöse Überfremdung, der Verlust der religiösen und kulturellen Identität im Sinne einer multireligiösen oder multikulturellen Gesellschaft war für das israelitische Gottesvolk völlig undenkbar. Im Gegenteil, dieses wurde als Verfall in Götzendienst und Abkehr vom Gott der Väter gebrandmarkt. Liebe zum Nächsten (Jesus spricht bezeichnenderweise nicht von der Liebe zum Fernsten – das tat Nietzsche) realisiert sich vornehmlich im persönlichen Opfer und nicht durch »öffentliche Mittel«, also durch Verfügung über das Geld Dritter.

Gerade im Blick auf das Ethos des Alten Testamentes, also auf die Rechtsordnung der Bibel, stellt sich die Frage, ob man überhaupt diejenigen als Asylanten anerkennen und aufnehmen soll, die wegen anderer Werte als derjenigen, die Grundlage unserer christlich-abendländischen Situation sind, verfolgt wurden. Die Initiatoren des Asylrechtes in den europäischen Ländern haben ganz gewiß nicht gewollt, daß durch Asylantenströme, also gleichsam durch eine Völkerwanderung, eine multikulturelle Gesellschaft entstehen sollte, die unsere eigenen Rechtsordnungen einmal in Frage stellen könnte.

Nun hat aber das Christentum durch eine Revolutionierung des Bewußtseins wirklich eine neue politische Ordnung geschaffen, die wir ganz unbefangen »christliches Abendland« nennen wollen. Und zu diesem christlichen Abendland sagte einst der Märtyrertheologe Dietrich Bonhoeffer: »Die Einheit des Abendlandes ist nicht eine Idee, sondern eine geschichtliche Wirklichkeit, deren einziger Grund Christus ist.«[95] Nichts kann uns veranlassen, diese Identität zugunsten eines multikulturellen oder gar multipolitischen Chaos aufzugeben. Wenn eine Völkerwanderung aus der dritten Welt diese Lebensordnung, die auch jetzt noch christlich geprägt ist und zugleich Freiheit und soziale Gerechtigkeit garantiert, zerstört, dann fehlt der Rettungsanker für die Humanität auf diesem ganzen Planeten.

Die Wunden des Terrors und des Hungers, die unserem Planeten geschlagen wurden, müssen dort geheilt werden, wo sie entstanden sind. Wir müssen das Unrecht dort bekämpfen, wo es entsteht – wir brauchen eine planetarische Ordnung der Gerechtigkeit. Das ist unsere Mission. Aber gerade solche politischen Utopisten, die für eine multikulturelle Gesellschaft schwärmen, sind weniger oder gar nicht bereit, sich für Ordnung und Gerechtigkeit im Sinne biblischer Wertordnung auf diesem Planeten einzusetzen. So wird schließlich nicht das Chaos bekämpft, sondern zum Untergang aller auch noch importiert. Das ist der Todestrieb einer Intelligenzija, die selbst ihre eigene Identität verlor und nicht abwarten kann, daß auch diese einstmals abendländisch-christlich geprägte Kultur ebenfalls ihre Identität verliert.

Auf unserem Planeten wird es enger. Im Zeit- und Raumbewußtsein des »postmodernen Menschen« wird er auch kleiner. Gerade darum müssen die Feuer der Inhumanität und des Terrors dort gelöscht werden, wo sie entstehen – damit dieses Feuer nicht auf das ganze »Raumschiff Erde« übergreift. Öko- und Elendskatastrophen müssen genau wie politische Tyrannen am Ort ihrer Entstehung bekämpft werden. Wer aber ist dazu bereit?

Wenn Entwicklungsländer für ihre Armeen mehr ausgeben als für Schulen, Krankenhäuser, Straßen oder Eisenbahnen zusammengenommen – wie soll dann Not oder Chaos gebannt werden.

Es wird heute daran erinnert, daß während der NS-Zeit 800 000 Deutsche im Ausland Asyl fanden, das sie übrigens überwiegend selbst finanzieren mußten. Die meisten unter ihnen waren Juden, die vor der Vernichtung fliehen mußten. Auf der Flüchtlingskonferenz in Evian am Genfer See im Jahre 1938, auf der es vor allem um die Aufnahme von Flüchtlingen aus antisemitisch okkupierten Ländern – vor allem des sogenannten Dritten Reiches – ging, meinten viele Einsichtige, es wäre besser, die Ursachen des Flüchtlingsstroms zu stoppen, als sich mit der Aufnahme der Flüchtlinge zu befassen. Hätte man damals auf die realistischen und mahnenden Stimmen (z. B. Winston Churchills) gehört und Konsequenzen gezogen, wäre Unheil abgewendet worden. Heute, unter ganz anderen Umständen, ist das Asylantenproblem ein Problem:

1. der Verteidigungsbereitschaft der noch abendländisch-christlichen Prägung Europas und

2. der Bereitschaft, durch weltweite Maßnahmen für Recht, Ordnung und Humanität einzutreten und das jeweils dort, wo Not, Elend und Unrecht entstanden sind.

5. Kapitel

Christen bejahen die nationale Identität, können aber keine Nationalisten sein

Während sich in Deutschland eine entschlossene aber lautstarke Minderheit für multikulturelle Gesellschaft engagiert, grassiert überall auf der Welt der Nationalismus. In Europa sind zur Zeit die Sowjetunion und Jugoslawien besorgniserregende Beispiele dafür, wie schnell ursprünglich festgefügte Staatsgebilde durch Nationalismen auseinandergerissen werden. Kampf für die Freiheit – sicherlich. Rückkehr zum Nationalismus – nein.

Mit der Wende 1989/90 erlebten wir auch in Deutschland eine allerdings schwache nationale Selbstbesinnung angesichts der sogenannten Wiedervereinigung, die aber gegenwärtig sehr abgekühlt ist. Auf die Frage nach der deutschen Nation und Identität stand und steht man hilflos und schweigend in der Gegend herum. Dieses wird besonders deutlich, wenn hier und da Traditionspflege in Erscheinung tritt.

Das ist zunächst ganz und gar verständlich. Die Erinnerung an den Hitlerismus, den rassisch motivierten Nationalismus, das traurige Kirchengeschichtskapitel der »Deutschen Christen«, jener Theologen also, die im arischen Jesus das Heil des Volkes und in der Verachtung alles Jüdischen, so auch des Alten Testamentes, die Befreiung für eine nationale Erneuerung erkennen wollten, mahnen zur Wachsamkeit.

Aber darf durch diese mahnende Erinnerung die nationale Identität grundsätzlich und damit für alle Zeiten den Deutschen verboten werden? Als ich zum ersten Mal in den sechziger Jahren in amerikanischen Kirchen die amerikanische Fahne neben dem Altar aufgepflanzt sah, als ich in anglikanischen Gottesdiensten erlebte, wie ganz unbefangen auch einmal die Nationalhymne zum Schluß des Gottesdienstes gesungen wurde, als ich in den Niederlanden von »God, Nederland und Oranien« hörte, als ich sah, wie Volkstum und Kirche in den skandinavischen Ländern fast dekkungsgleich erlebt wurden, als ich in Edinburgh im September 1979 in einem Gottesdienst zur Erinnerung an »The Battle of England« Uniformierte mit Fahnen in die Kirche einmarschieren sah, meinte ich, jeweils die Fanfaren des Jüngsten Gerichtes müßten ob dieses Nationalismus in christlichen Kirchen zum Gericht geblasen werden. Fanfaren und Posaunen blieben stumm, und heute meine ich, daß eine nationale Identität, mit der andere Völker Europas so selbstverständlich leben wie mit der Identität ihrer Ehe oder Familie, der Kirche Christi nicht widerspricht.

Der Christ kann Ja sagen zu seinem Volk und zu seiner Identität, wenn – wie Dietrich Bonhoeffer es ausdrückte – das Volk sich als eine »göttliche Ordnung« versteht, »die die Menschheit in der Zerrissenheit und im gegenseitigen Nichtverstehen leben läßt und sie dadurch erinnert, daß ihre Einheit nicht in ihrer Machtvollkommenheit, sondern allein in Gott, das heißt im Schöpfer und Erlöser liegt.«[96]

Mit anderen Worten: Nationalität darf nicht zum Götzen werden, sondern soll sich als eine von Gott gesetzte Ordnung verstehen. Die Nation ist immer nur das Vorletzte angesichts des Letzten der Bindung an Gott selbst. Nationalität muß nicht nur begleitet, sondern begrenzt werden durch von Gott gegebenes Recht. Der Schweizer Theologe Karl Barth hat Nationalität als eine »Platzanweisung« verstanden. Wenn der Christ in einer Volksgemeinschaft lebt, hat Gott ihm dort seinen Platz angewiesen. Und diesen Platz sollte er wahrnehmen in guten und in bösen Tagen.

Man sollte allerdings mit Bonhoeffer auch bedenken, daß der Nationalismus in seiner radikalen Form eine Bewegung von unten, ein Produkt der Französischen Revolution, ein Aufstand gegen das christliche Abendland war und ist. Dietrich Bonhoeffer, den man den letzten Theologen des christlichen Abendlandes nannte, hat für eine christlich zu verantwortende nationale Identität zwei Voraussetzungen geltend gemacht:

1. Nationalismus als Kollektivismus (z. B. das Motto »Du bist nichts, dein Volk ist alles«) ist der Tod nicht nur der christlichen Existenz, sondern der Humanität überhaupt. Für Bonhoeffer gab es nach herkömmlicher christlicher Ethik den Vorrang der Familie und der Ehe vor der Nation und vor dem Staat.

2. Für Bonhoeffer hatte Christus im Abendland Gestalt gewonnen. Ihm war die Gemeinschaft europäischer Völker bedeutungsvoll. Er sah die europäischen Völker als Brudervölker, verstand ihre selbstzerstörerischen Kriege als Bruderkriege. Nation war für ihn also einzuordnen in das große Ganze einer christlich-abendländischen Gemeinschaft, die sich dadurch charakterisieren läßt, daß sie sich ganz und gar der geoffenbarten Rechtsordnung Gottes verpflichtet weiß.[97]

Diese Thesen Bonhoeffers erinnern an den Erlanger Religionshistoriker H. J. Schoeps, der sich als Jude eindeutig zu Deutschland bekannte, obgleich er seine Eltern durch den Hitlerismus in Theresienstadt und Auschwitz verlor und sich selbst 1938 nur noch mit Not nach Schweden ins Exil retten konnte. Zu Beginn der dreißiger Jahre schloß er einmal eine Rede mit dem Bekenntnis: »Alles für Deutschland, aber Deutschland für Gott.«[98]

Deutschland – so meinte H. J. Schoeps – ist nicht rassistisch als Bluts-, sondern als Schicksals- und Geschichtsgemeinschaft zu verstehen. Schoeps hatte – wie Bonhoeffer – Angst vor einem kollektivistischen Mißverständnis der Nation: »Das Kollektiv ist anonym und macht den einzelnen anonym«, es droht »den Charakter der Person aufzuheben«. Mit feinem Gespür sah er genau wie Bonhoeffer das Vulgäre im Hitlerismus, eben das Gespenst des Kollektivismus. Er sah sich selbst auf der Seite jener Konservativen, die – wie übrigens auch die ganze Familie Bonhoeffer – für die Nazis nur Verachtung empfanden und sich daher auch nicht wunderten, als sich in Berlin während eines Monats die Umwandlung des berüchtigten roten Wedding in den braunen Wedding vollzog. »Die Proletarier hatten nur ihre Symbole vertauscht, nicht ihre Substanz«,[99] charakterisierte Schoeps die Situation nach der sogenannten Machtübernahme.

Rechtsradikalismus und Linksradikalismus haben also den selben Vater. Sie sind beide von einem vulgären Kollektivismus, Klassen- oder Stammesdenken motiviert. Was damals geschah, darf sich heute nicht wiederholen. Wenn wir nationale Identität haben wollen, dann in der Lebensgemeinschaft mit den Werten einer gemeinsamen abendländischen Geschichte. Wehe uns, wenn in dieser »Wendezeit« das Gespenst eines neobaalistischen Nationalismus seine Schatten wieder über Europa oder gar über diese ganze Welt werfen würde.

Im Rahmen einer christlich-abendländischen Rechtsgestaltung aber sollte eben nicht die graue farblose Einseitigkeit einer Massengesellschaft, sondern eine echte Vielgestaltigkeit walten. Was wäre Deutschland, wenn es nicht die Bayern oder die Friesen gäbe? Wie tödlich langweilig wäre ein Europa ohne deutsche, französische, englische, holländische oder belgische »Seelen«? Gott hat nicht eine Sorte von Blumen, Bäumen oder Tieren geschaffen, sondern die Schöpfung lebt in ihrer Vielgestaltigkeit. Beispielhaft ist die staatliche Ordnung der Schweiz, die ja aus vier Völkern, aus Deutschen, Franzosen, Italienern und Rätoromanen besteht. Die Schweiz ist nicht ein Produkt der Rasse, sondern des

Willens. Ihre Entstehung gründet in der Entschlossenheit, Freiheit und Recht gesellschaftlich zu verwirklichen. So ist die Schweiz das Ergebnis eines an Gottes Gebot gebundenen Willensentschlusses. Das schafft Schicksalsgemeinschaft, die sehr wohl eine nationale Identität im guten Sinne geben kann.

So wie eine Ehe oder Familie zusammenwächst durch das Gemeinsame in Freud und Leid, in guten und bösen Tagen, so wächst auch eine Nation zusammen, wenn sie in der Treue zu Recht und Freiheit in guten und bösen Tagen zusammenhält.

Eine Nation ist immer mehr als die Summe von einzelnen. Jede Nation hat ihre eigene »Seele«, ihre eigene Art des Lebens und Denkens. Wir brauchen uns unserer »deutschen Seele« – wenn es sie im Zeitalter der »Mechanisierung des Geistes« überhaupt noch gibt – nicht schämen. Wenn wir von Einigkeit und Recht und Freiheit singen, dann bekennen wir uns als Deutsche gleichzeitig zu jener abendländisch-christlichen Kultur, ohne die man sich diesen Planeten gar nicht vorstellen möchte.

Christen bejahen die soziale Marktwirtschaft, die ohne biblisches Gesellschaftsverständnis nicht zu haben ist

Mit Angst und Sorge fragen wir, wann und wie es wohl mit der sozialen Marktwirtschaft in jenen Ländern in Schwung kommen könnte, die lange, vielleicht viel zu lange in den Strukturen des Sozialismus leben mußten. Sehen wir in östliche Gefilde, nach Polen, der Tschechoslowakei oder gar nach Rußland oder auf den Balkan – oder in die weite, weite dritte Welt Afrikas, Südamerikas und Asiens –, kann schiere Angst die Herzen packen.

Dabei schien vor Jahren noch alles wie ein Traum: Man übernehme – wo immer in der Welt – die »soziale Marktwirtschaft« und das Paradies kommt. Daß viele in den ehemaligen Ländern des Sozialismus heute so denken, wissen wir. Daß sie zunächst von schweren Enttäuschungen überrascht werden, ist gewiß. Die »soziale Marktwirtschaft« darf nicht zu einem Abgott werden auf dem Platz Nr. 1 im Olymp der anderen Götter. Die bittere Wahrheit ist, daß – »glaubt man« an die soziale Marktwirtschaft – hierbei paradoxerweise in alter Tour ein marxistisch-historisch-dialektischer Materialismus orakelt: Ändere ich die wirtschaftlichen Verhältnisse, ändere ich auch das Bewußtsein. Kommt der Markt und die Mark, dann kommt die Demokratie, dann erscheint der neue aufgeklärte und liberale Mensch. Kommt feste Währung, steht die Freiheit wie eine Säule.

Im Grunde ist diese Art, über Marktwirtschaft nachzudenken, ein bitteres Zeichen dafür, wie weit wir schon in einer materialistischen Denkweise verkommen sind. Denn nicht die gesellschaftlichen oder wirtschaftlichen Verhältnisse bestimmen das Bewußtsein, sondern umgekehrt wird ein Schuh daraus. Ohne ein neues Bewußtsein, ohne eine radikale Umkehr im Denken können sich die wirtschaftlichen Verhältnisse nur dämonisieren.

Voraussetzung für eine funktionierende, freiheitliche und zugleich sozial ausgeglichene Wirtschaft liegt letztendlich in einem Verständnis von Welt und Mensch, das nicht zuletzt im biblischen Ethos seinen Ursprung hat. Daß es ohne Eigentum und damit ohne

Eigentumsordnung keine Freiheit gibt, ist ein biblischer Grundsatz, der in den Geboten: »Du sollst nicht stehlen« und »nicht begehren, was deinem Nächsten gehört« insofern seinen Ausdruck gefunden hat, als die Zehn Gebote mit einem Bekenntnis zu dem Gott eingeleitet werden, der sein Volk aus der Sklaverei und Gefangenschaft Ägyptens in die Freiheit geführt hat.

Allerdings ist im Alten Testament nur das redlich erworbene Eigentum schützenswert. Eigentum darf nicht zum Abgott werden: »Und sprächst du in deinem Herzen, meine Kraft und die Stärke meiner Hand hat mir dieses Vermögen erworben, dann gedenke eher deines Gottes, daß er es ist, der dir Kraft gibt, Vermögen zu erwerben« (5 Mose 8,14 ff.). Biblisches Eigentumsverständnis schließt die Brutalität des Konkurrenzkampfes und profitgierige Ellbogengesellschaft aus. Raub, Diebstahl, Betrug, Überforderung, Wucher, Ausbeutung der Fremden, der Waisen und Witwen werden im Gesetz des Alten Testamentes streng geahndet (2 Mose 21,37 ff. und 5 Mose 12,17 ff.).

Jeder ist gegenüber dem anderen ein Eigentümer – es ist aber Gott, der Himmel und Erde geschaffen hat (»Die Erde ist des Herrn« Ps 24,1 und 1 Kor 10,26), in allem Rechenschaft schuldig. Im Klartext bedeutet das eine Gewissensbindung gegenüber einer letzten, absoluten Instanz, die in der Bibel eben Gott genannt wird. Eigentum als Freiheit fordert Bindung des Gewissens. Individuelle Selbstverwirklichung verlangt gewissensmäßige Selbstbegrenzung. Das sind Urelemente einer – bei allen Unvollkommenheiten – in Europa und den Vereinigten Staaten entstandenen freien Gesellschafts- und Wirtschaftsordnung, die auf biblisches Eigentumsverständnis zurückgeht.

Die soziale Verpflichtung kommt hinzu, die schon im Alten Testament ausdrücklich geboten ist. Die Fürsorge für den Armen, die soziale Verpflichtung des Eigentums ist im Alten Testament gründlich und umfassend geregelt. Der Markt steht unter sozialen Bedingungen, von denen die Ordnung des Sabbat und Jubeljahres die bedeutendste ist. Daß man das Recht des Armen nicht beugen darf, daß die Gesellschaft für seinen Unterhalt zu sorgen hat (2 Mose 23,6.11) wird ausdrücklich geboten. Das Ziel, »es sollte kein Armer unter euch sein« (5 Mose 15,4), scheint erreichbar für eine Gesellschaft mit gerechter Eigentumsordnung. Diese Haltung ist gebunden an die Verantwortung gegenüber Gott, denn »der Herr ist der Armen Schutz« (Ps 9,10) »und er schafft den Armen Recht« (Ps 10,18), »er wird den Armen helfen« (Ps 72,4) »und wird selber das Recht der Armen ausführen« (Ps 140,13).

Eine Fülle von Bibelstellen schon im Alten Testament zeigt die soziale Verpflichtung durch Gewissensbindung in einer christlichen Gesellschaft.

Sie verwirklicht sich allerdings nicht als Kollektiv- oder Staatseigentum, sondern als Wille zur Gerechtigkeit, nicht als Gleichmacherei, sondern als die dem Nächsten gegenüber zu verantwortende »Ausgleichung«, wie es der Zürcher Theologe Emil Brunner dereinst plastisch formulierte: »Gemeinschaft in Freiheit, Freiheit in Gemeinschaft.«[100] Gleichmacherei, Diktatur der Funktionäre im Namen des Proletariats, Abwürgen der Privatinitiative, eine das Individuum verkümmernde Subordination, das Fehlen jeglicher Ethik als Gewissensbindung gegenüber einem absoluten ethischen Anspruch, also der praktizierte Atheismus kreieren einen Menschentyp, der in seiner Blindheit gegenüber Recht und Unrecht eher für kriminelles Bandenwesen als für »soziale Marktwirtschaft« geeignet ist. Wenn kollektive Erfahrungen schon bei einjährigen Kindern erprobt werden (in der ehemaligen DDR wurden über 86 % der einjährigen Kinder in Kinderkrippen eingeliefert), ist zumindest psychisch der Kollektivmensch vorprogrammiert.

In frühindustrieller Epoche, bis zum Ende des vorigen, in einigen Ländern bis Mitte des 20. Jahrhunderts, gab es den Sozialstaat nicht. Was wir heute an »sozialen Errungenschaften« genießen, will sicherlich kein Mensch in diesem Lande oder in Europa abschaffen. Aber die mehr als neunzig Steuergesetze, hundert Rechtsverordnungen mit fünftausend bindenden Entscheidungen des Bundesfinanzhofes, der in einem Jahr zwanzigtausend Verwaltungsordnungen produziert, und die Tatsache, daß knapp ein Viertel des Bruttosozialproduktes vom Staat über die Steuern eingezogen wird, lassen schon einige dunkle Schatten der Verkollektivierung auch auf unsere westliche Gesellschaft fallen.

Ein Recht muß übersehbar sein, wenn es gewissensbindende Kraft haben soll. Das deutsche Steuerrecht mit seinen einhundertdreißig Paragraphen auf dreihundertfünfzig Seiten ist für den Normalbürger – manchmal sogar für den Finanzbeamten – unübersehbar und unverständlich. Dann zählen für den Erfolg nicht mehr Leistung und Begabung, sondern Tricks und Cleverneß. Es geht dann nicht mehr darum, wie man in einer Privatinitiative Eigentum aufbaut, sondern durch Tricks Subventionen ergattert und Schlupflöcher in der Steuermasche erkennt. Wie kompliziert diese Lage geworden ist wird dadurch deutlich, daß in Deutschland pro Jahr 2,2 Mio. Einsprüche gegen Steuerbescheide erhoben werden.

Eigentum in Freiheit und Gemeinschaft wird ohne biblisches Menschenverständnis langsam dahinwelken. Ohne die Ausstrahlungskraft freiheitlicher, gewissensgebundener (gottverantwortlicher) Menschlichkeit wird man auf die »soziale Marktwirtschaft« in ehemals sozialistischen Ländern und dann später in den Ländern der dritten Welt sehr lange (wenn nicht vergebens) warten müssen. Soziale Ordnung darf nie – wie einst Emil Brunner formulierte – auf Kosten der Freiheit und damit zur Stärkung der staatlichen Bürokratie »auswuchern«.

Die frühere UdSSR wurde wirtschaftlich von achtzehn Millionen Funktionären bürokratisiert. Der bürokratisierte Mensch glaubt nicht mehr an den Nutzen solider Arbeit. Fleiß ist sinnlos geworden. Es entwickelt sich eine Sklavenmentalität und der Weg zur Armut ist vorprogrammiert.

Der Staat darf die Dinge nicht selbst machen, sondern muß zur »vernünftigen Selbstregelung« anhalten, meinte Emil Brunner schon 1942.[101] Das alles geht aber nur solange, als das Bewußtsein der Freiheit nicht gestorben ist. Ganz gewiß ist der Glaube an die Freiheit Gottes und an die unmittelbare Verantwortung des einzelnen gegenüber diesem Gott ein stärkendes und bewahrendes Element für Freiheit überhaupt. Die soziale Marktwirtschaft lebt von der Idee der Freiheit, der Gerechtigkeit und sozialen Verantwortung und setzt einen Menschen voraus, der diesen Werten in strenger Gewissensbindung verpflichtet ist. Die Frage ist nicht nur, ob der Osten Europas und dereinst die dritte Welt zu diesem Selbstverständnis, der Voraussetzung für eine freie Marktwirtschaft, hinfinden. Die Frage ist auch, ob wir in der westlichen Welt mit ihrer grassierenden Entfremdung vom Menschenverständnis der Bibel nicht letztendlich einer Wirtschaftsstruktur entgegengehen, die entweder durch chaotischen Ellbogen-Egoismus oder durch das Krebsgeschwür einer auswuchernden Bürokratie kaputtgemacht wird. Die Verelendung dieses Planeten wäre dann allerdings ein unumgehbares Schicksal.

Christen sind verantwortlich, aber nicht schuldig angesichts der Not der dritten Welt

Die Spannung zwischen Wirtschaftsordnung und Wirtschaftsunordnung ist heute ein herausforderndes planetarisches Problem. Sollen Völkerwanderungen, Einwanderungsdruck, Asylantenschwindel und Asylantenhandel, sollen die ökologischen Herausforderungen und gesellschaftlichen Chaotisierungen, Hungerzonen und Verelendungswüsten dieses Planeten überwunden werden, dann muß dieser Planet als Ganzes in einem halbwegs funktionierenden Wirtschaftssystem leben können. Alle diese Probleme sind planetarische Probleme, weil alle Völker so oder so betroffen werden.

Wenn man – in Erinnerung an das vorangegangene Kapitel – darüber nachdenkt, daß der Mensch nur in noachidischer, gerechtigkeitsorientierter Weltordnung auch eine tragbare, humane und damit eigentumsorientierte Wirtschaftsordnung in Gang bringen kann, waltet Schwermut im Überlegungshorizont. Geld allein kann die Probleme der dritten Welt nicht lösen.

Ganz praktisch stellt sich die Frage: Wieviel Billionen werden es schlußendlich sein, die für Ost und Süd, für die darbende dritte Welt ausgegeben werden müssen? Viele fühlen sich dabei überfordert, viele aber auch als moralisch Angeklagte. Es ist sicher, daß die vielen Schecks, gerade auch aus deutschen Händen, nicht nur Dankbarkeit ernten, sondern daß die Zahlenden dafür noch als Sündenböcke der Welt hingestellt werden. Wir müssen die Anklage hören: Siebzehn Millionen Kinder verhungern jährlich, zwei Drittel der Weltbevölkerung haben nicht genug zu essen, sechzehn Prozent der Weltbevölkerung verbrauchen 56 % der auf der Erde erzeugten Energie. Sind nicht daran gerade die reichen Länder schuld, die auf Kosten der Armen leben?

Evangelische Christen (und nicht nur sie) fordern seit langem in öffentlichen Erklärungen und vielen Schriften einen »einfachen Lebensstil«, Großzügigkeit zur Hilfe. Sie erklären (so zum Beispiel die »Londoner Verpflichtung« evangelischer Christen aus 27

Ländern[102]), daß »unfreiwillige Armut eine Beleidigung der Güte Gottes« sei und daß Jesus »immer noch Menschen dazu aufrufe, ihm in einem Lebensstil völliger, freiwilliger Armut nachzufolgen«. Das bedeutet – wie der Mainzer Wirtschaftsprofessor Werner Lachmann kritisch formuliert – daß »Reichtum und Besitz« als »Indikator einer Schuld hingestellt werden«.[103] Wem es gut geht, wer Vermögen hat, wer sich also des Lebens freut, muß sich schuldig fühlen – so wird es von vielen Kathedern, Kanzeln und Moderatoren in den Medien nur allzu oft gepredigt.

Hat denn nicht Jesus gesagt, daß eher ein Kamel durch ein Nadelöhr geht, als daß ein Reicher in den Himmel kommt? Konnte sich nicht der arme Lazarus in Abrahams Schoß geborgen fühlen, während der Reiche Durst litt in der Hitze seines Verdammungsortes? Wären Christen damit nicht in die Pflicht genommen, sich für eine globale Umverteilung zugunsten der dritten Welt einzusetzen?

Der Jesus aber, der dem Gott Abrahams, Jakobs und Isaaks vertraute, konnte Besitz nicht als Sünde verurteilen, denn diese biblischen Erzväter, diese »Heroen des Glaubens«, waren reiche Männer und verstanden ihren Reichtum als Segen Gottes. Nicht nur viele, sondern sehr viele Bibelsprüche verstehen Reichtum als Segen Gottes. Sagte doch Mose sogar seinem Volke: »Wenn ihr auf den Herrn, auf euren Gott hört, und alle seine Weisungen befolgt, die ich euch verkündige, dann wird es gar keine Armut unter euch geben« (5 Mose 15,4 ff.). Eigentum (du sollst nicht stehlen) ist eine Schöpfungsordnung Gottes. Niemals hat Jesus eine Ordnung angetastet, die das Eigentum der Familie (und nicht einem sozialistischen Kollektiv) zuordnet. Seine Kritik an den Reichen war – wie im zweiten Hauptteil dargestellt – die Einforderung des im Alten Testaments verordneten Jubeljahres, in dem alle Schulden erlassen, die Sklaven frei werden und jeder, der seinen Acker verpfänden mußte, ihn wiederbekommen sollte. Diese Jubeljahr-Regelung – so haben wir gesehen – war aber ausdrücklich auf das Land Israel beschränkt und der Talmud hat an keiner Stelle Zweifel daran gelassen, daß außerhalb dieses Geltungsbereiches das Jubeljahr weder geboten noch realisierbar sei.

Aber es liegt eine Konsequenz in diesem Gebot für die ganze Welt. Es geht um die Erkenntnis, daß ohne eine Weltordnung im Sinne biblischer Rechtsordnung ein sozialer Ausgleich, bei voller Wahrung der Eigentumsordnung, die allein persönliche Freiheit garantiert, unmöglich ist.

Was aber, wenn sich diese Voraussetzung nicht erfüllt? Wie soll man mit Ländern verfahren, die nicht willens oder bereit sind, das noachidische Ethos oder gar das Ethos des Alten Testamentes zu akzeptieren?

Als Josef, einer der zwölf Söhne Jakobs, in Ägypten war und eine Hungersnot ausbrach, verkaufte er das Getreide, das er vorher in den »sieben fetten Jahren« für den Pharao aufgekauft und gehortet hatte. Als nun die Ägypter durch den Ankauf dieses Getreides in den »sieben mageren Jahren« verarmt waren, spielte sich nach dem Bericht der Bibel folgendes ab:

«So kaufte Josef dem Pharao das ganze Ägypten, denn Ägypter verkauften ein jeder seinen Acker, weil die Hungersnot schwer auf ihnen lag. Und so wurde das Land dem Pharao zu eigen. Und er machte das Volk leibeigen, von einem Ende Ägyptens bis ans andere . . . Da sprach Josef zu dem Volk: Siehe, ich habe heute euch und euer Volk für den Pharao gekauft; siehe, da habt ihr Korn zur Saat, und nun besäet das Feld und von dem Getreide sollt ihr den Fünften dem Pharao geben, vier Teile sollten euer sein, das Feld zu besäen und zu eurer Speise und für euer Haus und für eure Kinder. Sie sprachen: Du hast uns beim Leben erhalten; laß uns nur Gnade finden vor dir, unserem Herrn, dann wollen wir dem Pharao leibeigen sein« (1 Mose 47,20–22).

Josef führte gleichsam aus einer Mangelsituation heraus eine Art von Staats- und Planwirtschaft ein, weil die Besitzstreuung in der Eigeninitiative versagt hatte. Mangel- und Kriegswirtschaft sind – wie dieses Beispiel zeigt – zentralisierte Staatswirtschaft. Dies bedeutet: Wo die noachidische Ordnung nicht akzeptiert wird, Not und Mangel, Chaos und Untergang die Folge sind, kann Staats- und Planwirtschaft als Zuteilungswirtschaft die äußerste Not abwenden. Sie ist dann sogar noch eine Erlösung von den bittersten Konsequenzen des Elends.

Umgekehrt formuliert: Es ist nicht zu erwarten, daß eine »freie Marktwirtschaft« überall und zu gleicher Zeit realisierbar ist. Freie Marktwirtschaft ist nur auf der Basis einer jüdisch-christlichen Zivilisations- und Rechtsordnung denkbar. Zumindestens müßten die noachidischen Ordnungen erfüllt werden. Wenn das nicht möglich ist, müssen die Menschen in solch einem Kulturkreis auf einen Teil ihrer Freiheit verzichten, sich einer Planwirtschaft unterwerfen, um dem Elend zu entgehen. Während der europäischen Kriege in diesem Jahrhundert hat die sogenannte Kriegswirtschaft als Planwirtschaft eben jeweils die Eskalation des Elends abgewehrt.

Die Hungersnot Ägyptens war nicht die Schuld Josefs, den seine eigenen Brüder als Sklave nach Ägypten verkauft hatten. Es ist nicht der Christen oder der westlichen Industrienationen Schuld, wenn sozialistische Systeme zusammenbrechen und Armut die bittere Folge ist. Im Hungerland Äthiopien hat stalinistische Kollektivierung eine blühende Landwirtschaft ruiniert. Es ist nicht die Schuld der Europäer, wenn Stammesfehden oder Faulheit des In-den-Tag-Hineinlebens und die neue Bürokratie einer einheimischen Herrenschicht in der dritten Welt wie bösartige Geschwüre wuchern, wenn Ausbeutungsstrategen und Mafiosi Entwicklungsgelder auf abseitige Konten plazieren, wenn abergläubige Dämonenfurcht nichtchristlicher Völker den technischen Fortschritt hindert, wenn teure Waffenarsenale für Kriege von Rebellen gegen Rebellen gekauft werden, wenn Verzicht auf Familienplanung Bevölkerungsexplosionen bewirkt, denen keine Wirtschaftsordnung europäischen Stiles mehr helfen kann.

Rein finanzielle Hilfe ist unsinnig, wenn 1990 die Länder der dritten Welt von den Industrieländern 54 Mrd. Dollar erhielten, um dann 159 Mrd. für Rüstungsgüter auszugeben (die UdSSR war mit 28 % der gesamten Waffenverkäufe führend auf dem Weltmarkt). – In der UdSSR – heute auch ein Entwicklungsland – war der Anteil der Rüstungsausgaben am Sozialprodukt anderthalb bis doppelt so groß wie in den USA, und trotzdem sind in den USA die Ausgaben für Gesundheitsschutz zweieinhalbmal so groß wie in der UdSSR gewesen.

In den meisten Entwicklungsländern fehlt – wie es Spezialisten ausdrücken – die »Rechtsbindung der Macht«. Das heißt, die Macht ist ohne Recht und plündert die Staatskassen. Hierzu vermerkt der bereits zitierte Werner Lachmann[104]: »So hat auch der Erfinder der Entwicklungshilfe, Gunnar Myrdal beklagt, daß das größte Hemmnis der Entwicklung intern verursacht wird, insbesondere durch die Nichtwilligkeit der heimischen Elite, eine sachgemäße Wirtschaftspolitik zugunsten der Ärmsten durchzuführen . . .« Gunnar Myrdal beklagt, daß viele Menschen in den Entwicklungsländern nur nach dem Überleben trachten. Sie streben nach nichts anderem als der Erhaltung ihres gewohnten niedrigen Lebensstandards. Es ist ein Wandel der Einstellung zur Arbeit, zum Besitz, zur Vorsorge, zur Pünktlichkeit und Zuverlässigkeit erforderlich. Und Myrdal zitiert den Vizepremier von Singapur, der erklärte, daß wirtschaftliche Pläne alleine ungenügend seien, statt dessen müßten neue Werte in die Gesellschaft eingeführt werden, die eine wirtschaftliche Entwicklung erst ermöglichen; und dabei hätten die Kirchen einen wesentlichen Beitrag zu leisten.

Ein gerechtes Wirtschaftssystem, das den Diebstahl in jeder – auch in der eleganten Form – ahndet, das Eigentum des einzelnen schützt, persönliche Initiative fördert, Verbrechen radikal bekämpft, asketischen Leistungswillen als notwendige Voraussetzung für die Arbeit akzeptiert – also ein biblisches Wirtschaftsverständnis, das sich auch der Armen erbarmt, das ihnen die Chance gibt, wieder auf eigenen Beinen stehen zu können – das alles ist die Voraussetzung für ein Überleben. »Soziale Marktwirtschaft« ist ohne die Minimalforderung eines biblischen Ordnungsdenkens nicht zu exportieren – sie ist ohne dieses nicht einmal bei uns durchzuhalten.[105]

Es hat darum seinen besonderen Sinn, wenn wir in den Evangelien hören, daß wir zuerst nach dem Reiche Gottes und seiner Gerechtigkeit trachten sollten, weil uns dann alles andere zufallen würde. Das Vorletzte des Wohlstandes ist ohne das Erste und Letzte der Gerechtigkeit des Reiches Gottes, die schon in Christus auf dieser Erde offenbar geworden ist, nicht zu haben. Was dieser Planet braucht, ist nicht so sehr Scham angesichts des Eigentums, sondern eine Revolution, die christliches Ordnungsdenken in diese Welt hineinbringt.

8. Kapitel

Christen bejahen die Arbeit als Schöpfungs-
ordnung Gottes

In der dritten Welt wird der Sinn der Arbeit nicht so verstanden wie in den westlichen Industrieländern, die durch ein biblisches Arbeitsethos motiviert wurden – und zum Teil noch motiviert werden. Ohne innerweltliche Askese (Max Weber) kann industrielle Arbeitswelt nicht sein.

».. . der Mensch lebt, um zu arbeiten, aber er arbeitet nicht um zu leben« – schrieb der als Kollege Friedrich Schillers an die Universität Jena berufene Philosoph Johann Gottlieb Fichte am 21. Juli 1794 an seine Frau. Für den Wiener Geistesgeschichtler Friedrich Heer war dieser Sohn eines Bandwebers »der erste große Plebejer, der im Reich des deutschen Geistes in dieser beginnenden Neuzeit zu Wort kommt«.[106]

Das für typisch deutsch gehaltene Dogma, daß der Mensch lebe, um zu arbeiten, gilt allerdings längst nicht mehr in diesem Lande, in dem die sogenannten Fehlzeiten, das Fernbleiben vom Arbeitsplatz vornehmlich durch »Krankschreiben«, nur noch von Schweden und Norwegen übertroffen werden. Wieviel »Kranksein« für die immer rasanter anwachsenden Fehlzeiten simuliert wird, weiß kein Mensch genau. Daß es aber Literatur mit Ratschlägen darüber gibt, wie man Kranksein vortäuschen kann, wissen sehr viele.

Dabei sinkt die Zahl der Arbeitsstunden durch Tarifverhandlungen kontinuierlich. Urlaub und Feiertage zusammen schenken heute den Werktätigen in Deutschland eine Freizeit von zwei Monaten im Jahr. Neben einer Elite sich fast totarbeitender Freiberufler, Selbständiger, Manager und Überstunden schindender Schichtarbeiter waltet so etwas wie ein Aufstand der Leistungsverweigerung in dieser permissiven, lustbetonten »Freizeitgesellschaft«, die aller Mühsal entfliehen will. Arbeit, Pflicht und Dienen sind keine positiven Leitworte mehr in unserer »postmodernen Gesellschaft«. Im Gegenteil, sie werden verhöhnt und zu Unwerten degradiert.

Sicherlich, moderne Fließbandarbeit, diese »Bitternis der Mechanisierung des Geistes«[107] kann Arbeit hart und schwer, manchmal unerträglich machen. Aber war etwa die Landarbeit in vormoderner Gesellschaft, das Malochen auf dem Lande, das vom frühen Morgen bis zum späten Abend kein Ende nehmen wollte (auch das Vieh mußte versorgt sein), etwa eine Art Kleingärtnerparadies? Arbeit war und ist heute wie damals kein Vergnügen – auch geistige Arbeit ist nicht nur »schöpferisch« oder »spontan«, sondern kann todlangweilige und nervenzersägende Lernprozesse einfordern und eine Sensibilität abverlangen, die auf die Nieren geht.

Arbeit war und ist immer mit Lustverzicht, sagen wir ruhig mit Askese oder Leidensfähigkeit gekoppelt. Und hier stoßen wir auf den Nerv im Umbruch der Zeiten: Leidensbereitschaft, innere Disziplin, Pflichtgefühl – diese oft als »faschistoid« abqualifizierten Tugenden – sterben aus. Und wo wird denn schon eingesehen, daß dieser lustbetonte, konsumrauschhafte Lebensstil damit zusammenhängt, daß wir vom herkömmlichen, christlichen Verständnis der Arbeit, des Lebens, des Leidens, der Freude und der Pflicht radikal Abschied nehmen wollen? Und wer sieht oder nennt die Folgen, die sich daraus für einen möglichen Bankrott einer zukünftigen Gesellschaft ergeben könnten, in der die Mehrheit nicht mehr arbeiten will?

Der Gott der Christen ist auch ein arbeitender Gott (»... der nicht schläft, noch schlummert« Ps 121,3 ff.), der die Welt erschuf und »am siebenten Tage ruhte von seinen Werken«. Der Rhythmus von Arbeit und Ruhe ist Offenbarungswirklichkeit dieses Gottes, der die Welt nicht nur erschuf, sondern sie auch erhält. Man erinnert sich an das Jesuswort: »Mein Vater wirkt bisher und ich wirke auch« (Joh 5,17). Weil nun der Mensch – nach biblischem Verständnis – zum »Ebenbild Gottes« geschaffen ist, so soll auch er im Rhythmus von Arbeit und Ruhe leben.

Darum war schon das Paradies (nach biblischer Überlieferung der Anfang der Weltgeschichte) kein Schlaraffenland des Nichtstuns, sondern »Gott nahm den Menschen und setzte ihn in den Garten Eden, ihn zu bebauen und zu bewahren« (1 Mose 2,8 ff.). Arbeit ist von daher gesehen eine dem Menschen ursprünglich zugedachte Wesenseigenschaft, eine Schöpfungsordnung, ohne die er nicht leben und vor allem auch nicht überleben kann. Arbeit ist also ein unbedingt positiver Wert im Urteil der Bibel.

Nur der arbeitende Mensch ist Ebenbild Gottes. Daß Arbeit zur »Mühsal« wurde, die »im Schweiße des Angesichts« auf einem Acker, der Dornen und Disteln trägt (1 Mose 3,18 ff.), durchlitten werden muß, hat nach christlichem Urteil seine Ursache in der Auflehnung des Menschen gegen Gottes Gebot. Wer sich Gott entfremdet, dem entfremdet sich auch die Arbeit. Sie bringt dann nicht mehr schöpferische Freiheit, sondern auch Bedrängnis und Qual. Christen haben das seit jeher so realistisch gesehen. Diese Doppelwertung der Arbeit als ebenbildliche Teilhabe am Wirken Gottes und gleichzeitig als Leid in der Entfremdung vom Ursprung kennzeichnet christliches Arbeitsethos in allen christlichen Konfessionen.

»Ora et labora«, bete und arbeite, steht zwar nicht wörtlich in der Regel der Benediktinermönche, die Benedikt von Nursia um 529 n. Chr. auf dem Monte Cassino für den ältesten heute noch bestehenden abendländischen Mönchsorden verfaßte. Die Worte beschreiben aber sinngemäß das positive christliche Verständnis von Arbeit im Gegensatz zur Verachtung aller Handarbeit in der vorchristlichen, antiken Welt. Demut und Fleiß – in der Antike Scheußlichkeiten der Sklavenmoral – wurden Leitwerte eines neuen Verständnisses der Arbeit. Buße als Umkehr zu Gott wurde undenkbar ohne Arbeit. Für Luther wurde der »Beruf« zu einer von Gott gegebenen »Berufung« und Calvin sah in der Arbeit nicht zuletzt eine Art von Askese, ein Werk der Heiligung in der Christusnachfolge.

Die soziale Verpflichtung der Arbeit wurde in allen Konfessionen als biblischer Auftrag anerkannt und verwirklicht. Ohne dieses christliche Ethos der Arbeit wäre so etwas wie »soziale Marktwirtschaft« nie entstanden. Diejenigen, die soziale »Marktwirtschaft« für ein Zauberwort, für eine Losung zum Eintritt ins Paradies halten, sollten sich daran erinnern.

Wenn das Christentum in unserer postmodernen Gesellschaft verdampft, »das vereinigte Deutschland in seiner Substanz kein christlich geprägtes Land« und christlich allein die »Kirchensteuern« sind, wie Rudolf Augstein unlängst formulierte, dann könnte »Null-Bock-Mentalität« nicht nur den Wohlstand, sondern auch die soziale Grundstruktur unseres Landes, die ohne Arbeit nicht zu haben ist, ruinieren.

Der Mensch lebt nicht, um zu arbeiten. Es kann aber – und damit steht und fällt nicht nur abendländisch-christliches Ethos, sondern auch unsere gegenwärtige europäische Zivilisation – ohne Arbeit nicht sinnvoll gelebt werden. Ohne Arbeit können wir auch nicht überleben. Es bleibt unverständlich, warum immer wieder umständlich erklärt wird, daß Arbeit umverteilt werden müßte, weil Arbeit eben zu einer Art Mangelware in unserer modernen Gesellschaft geworden wäre. Solche Äußerungen wirken grotesk, wenn man bedenkt, daß 90 000 Pflegestellen in diesem Lande fehlen.

Die bedrängenden Herausforderungen nicht nur unserer Gesellschaft in Europa, sondern des ganzen Planeten, können doch nur durch Arbeit, durch sinnvolle Arbeit bewältigt werden. Weltweit dürfte und brauchte es keine Arbeitslosigkeit zu geben, weil Arbeit gefordert ist. Die Bibel sieht das so radikal, daß in ihr der uns heute umwerfende Satz zu lesen ist, den Paulus an die Thessalonicher schreibt (2 Thess 3,10–12): »Denn auch als wir bei euch waren, geboten wir euch dieses: Wenn jemand nicht arbeiten will, so soll er auch nicht essen. Denn wir hören, daß etliche unter euch unordentlich wandeln, indem sie nicht arbeiten, sondern fremde Dinge treiben. Solchen aber gebieten wir und ermahnen sie in dem Herrn Jesus Christus, daß sie in der Stille arbeiten, ihr eigen Brot essen.«

Eine Gesellschaft, in der Arbeitslosigkeit herrscht und von Umverteilung der Arbeit geredet wird, ist paradox. Arbeit drängt sich auf: Kranke müssen gepflegt, Straßen und Häuser gebaut werden, die Natur (Umwelt) muß gehegt und gepflegt werden. Auf diesem Planeten muß gearbeitet werden, um seine Nöte zu überwinden. Unsere Gesellschaft versagt in der Aufgabe, Arbeitskräfte zu regulieren. Es kann gar nicht darum gehen, Arbeit umzuverteilen, sondern die Arbeitskraft zur Erhaltung der planetarischen Gesellschaft einzusetzen.

Eine unbiblische Sinnentfremdung der Arbeit ist es auch, daß einerseits jede Familienmutter in den industriellen Arbeitsprozeß hineingetrieben wird und andererseits zu Hause die Frau und die Mutter für die Familie, fehlt. Ein unsinniger Rollentausch von Mann und Frau ruiniert nicht nur die Arbeitswelt, sondern die schöpfungsgegebene Zuteilung der Arbeit.

In unserem Verständnis von Arbeit, Arbeitslosigkeit und Umverteilung der Arbeit und Gleichberechtigung in der Arbeitswelt offenbart sich eine kranke Gesellschaft. Daß Roboter und Computer Arbeit erleichtern und Arbeitsplätze aufheben, ist zweifellos richtig. Aber sie ersetzen die Arbeit nicht, die zwischenmenschlich realisiert werden muß. Wollen wir es Robotern überlassen, daß Menschen bedient, gehegt und gepflegt werden? Wenn wir den Dienst am Menschen als ein anzuerkennendes Arbeitsgut verweigern, wird unsere Gesellschaft unmenschlich. Mehr Arbeit würde heute mehr Menschlichkeit bedeuten.

9. Kapitel

Christen kämpfen für die Familie und gegen die Kollektivierung unseres Daseins

Grundsatz christlicher Ethik ist der Primat der Familie vor dem Staat. Mit anderen Worten: Die Familie ist wichtiger als der Staat. Das ist gut biblisch, denn die Geschichte der Patriarchen im Alten Testament zeigt unmißverständlich, daß der »Staat« aus den Familien entstanden ist. Die alttestamentliche Gesellschaft war sozusagen eine Konföderation von Familien. Haupt der Familie war der Vater, der Patriarch, die Vatergestalt. Seine Bedeutsamkeit hatte der Patriarch in der ihm von Gott übertragenen Autorität. Vor allem zeigen die Patriarchengeschichten des Alten Testamentes, daß die Erfahrungen eines Lebens als eines Lebens mit Gott unter Gottes Führung kostbar waren. Alter war für die Gesellschaft keine Last, sondern ein wichtiger Schatz von Lebenserfahrungen, Lebensweisheit und Gotteserfahrung. All das konnte nur durch das Alter weitergegeben werden. Die Familie ertrug die Alten in Ehrfurcht bis zu ihrem Tod.

Heute sind alte Menschen zumeist mehr oder weniger hilflose Geschöpfe. Sie gehören zur »Versorgung Altfälle«. In Pflegeheimen können sie zum Abfall der Gesellschaft werden. Es ist erschütternd zu sehen, wie aus selbständigen und selbstbewußten Leuten, die verantwortungsvolle Positionen in ihrem Leben wahrgenommen haben, ängstliche, psychisch und physisch verkrüppelte Kreaturen werden, die zumeist noch um Taschengeld bitten müssen, weil ihr Vermögen, ihre Rente oder Pension durch Pflege draufgeht und sie – mit Psychopharmaka vollgepumpt – nur noch müde und kapitulationsbereit dahinvegetieren.

Diese vom überlasteten Pflegepersonal (wir erinnern uns: In Westdeutschland fehlen 90 000 Pflegekräfte) mit »Du«, »Oma« oder »Opa« angeredeten »Altfälle« können nur in sehr seltenen Fällen ihre menschliche Würde retten. Zumeist fügen sie sich hilflos-ergeben dem Fließband-Pflege-Mechanismus, der ihre Individualität kaputtmacht. Man kann erleben, wie Ehepaare auf verschiedenen Stationen verteilt den Rest ihres Lebens mehr oder weniger getrennt und vereinsamt verbringen müssen.

Der Aufstand gegen das Gebot »Du sollst Vater und Mutter ehren« realisiert sich in geradezu quälender Weise. Er ist im Grunde genommen so radikal, daß er zur Euthanasie alter Menschen führen kann. Daß man in Alterspflegeheimen schneller stirbt, daß bei den mit Psychopharmaka, Herzmitteln und anderen Medikamenten reichlich versehenen und mit Kathedern ans Bett verkabelten Zimmergefangenen der Lebenswille relativ schnell erlischt, versteht sich von selbst und muß gar nicht unbedingt die Angelegenheit von Rechtsmedizinern werden, die immer mehr über unnatürliche Todesursachen der »Altfälle« in Pflegeheimen und Krankenhäusern nachdenken.

Was sollen die fünfzehn Millionen über Sechzigjährigen in unserer Gesamtbevölkerung von 76 Mio. Bürgern von ihrem Ende, von der Endstation oder gar Verendung ihres Lebens erwarten? Rächt sich nun, daß Familien entfunktionalisiert wurden, daß die ganz natürliche Konsequenz der Kinderkrippe die Alterskrippe ist, weil Leben, das in die Familie gehört, von Anfang bis zum Ende kollektiver Betreuung übertragen wurde, um Platz für Emanzipation und Selbstverwirklichung zu schaffen? Haben wir, die wir alle einmal alt werden, dafür nicht einmal einen zu hohen Preis zu bezahlen, wenn 90 % aller Menschen, die in diesem Lande zu 90 % in Heimen und Krankenhäusern sterben müssen, eben lieber zu Hause, möglichst gar in der Familie, die letzten Tage ihres Lebens verbringen möchten?

Den Worten Jesu ist zu entnehmen, daß allein diejenigen vor Gottes Gericht bestehen können, die sich der Geringsten unter den Menschenbrüdern erbarmt haben. Diese Geringsten muß man nicht unbedingt auf dem ganzen Globus zusammensuchen und herbeirufen. Wir finden sie in unmittelbarer Nähe unter uns – insbesondere bei den Alten, die zu den »Altfällen« degradiert werden. Wir erinnern uns: Nicht Fernsten-, sondern Nächstenliebe ist gefragt.

Verachtung des Alters, der elterlichen Autorität und Anbetung der Vitalität der Jugend und Jugendlichkeit hat der hellwache Zeitkritiker und Theologe Dietrich Bonhoeffer schon zu seiner Zeit, sogar in der Kirche sehen müssen, die er mit folgenden Worten anklagte: »Die Kirche bekennt, an dem Zusammenbruch der elterlichen Autorität schuldig zu sein. Der Verachtung des Alters und der Vergötterung der Jugend ist die Kirche nicht entgegengetreten aus Furcht, die Jugend und damit die Zukunft zu verlieren, als wäre ihre Zukunft die Jugend. Sie hat die göttliche Würde der Eltern gegen eine Revolution ihrer Jugend nicht zu verkündigen gewagt und hat den irdischen Versuch gemacht, mit der Jugend zu gehen. So ist sie schuldig an der Zerstörung unzähliger Familien, an dem Verrat der Kinder an ihren Vätern, an der Selbstvergötterung der Jugend und damit an ihrer Preisgabe an den Abfall von Christus.«[108]

Daß es mehr Kinderkrippen und Altersheime, vor allem Alterspflegeheime geben müsse, ist heutzutage eine Forderung, der kein Mensch zu widersprechen wagt, weil sie anscheinend den Wert eines Dogmas für alle Ewigkeit hat. Aber warum sollen Kinder nicht in der Familie erzogen werden, Frauen ihrem Beruf als Hausfrau und Mutter leben? Warum sollen und können alte Menschen nicht zu Hause gepflegt werden? Warum können nicht mehr Generationen im Erfahrungsaustausch von Lebensweisheiten in einem Haus zusammenleben? Hängt die Lebensqualität davon ab, daß wir die Lebensgemeinschaft Familie demontieren, um frei zu sein? Welchen Gewinn bringt diese Art Freiheit? Leidet unsere Gegenwart nicht unter dem »unbehausten« Menschen, der seine Unbehaustheit nur noch mit Drogen ertragen kann? Sind unsere aus den Familien herausdemontierten Jugendlichen wirklich die glücklichsten Menschen aller Zeitalter?

Ganz gewiß, hier können wir nicht Politiker anklagen, hier müssen wir uns selbst anklagen. Hier ist eine Generation schuldig geworden. Es wäre die Aufgabe der Kirche, hier mit aller Deutlichkeit zur Umkehr zu rufen. Aber von diesem Ruf vernimmt man sehr wenig in dieser gottverlorenen Zeit.

Die Verachtung des Alters zeigt sich auch im »Verfall der Todeskultur« in unserer liberalen »Aufklärungsgesellschaft«. Der Tod paßt ganz und gar nicht in die permissive, lustbetonte Konsumgesellschaft. Feierlichkeit ist da nicht mehr gefragt. Auf ewiges Leben, Gericht Gottes, Himmel und Hölle wollen immer weniger angesprochen werden.

Die Bestattungen – einst unbestrittene Domäne der Kirchen – werden heute im Ostteil Berlins zu 80 % und im »Freistaat Sachsen« zu 70 % »unkirchlich« abgewickelt. In Westdeutschland gibt es derzeit tausend »freie Bestattungsredner«, die für ein Honorar zwischen 100 und 350 DM das »passende Wort« finden sollen, wenn nicht auch darauf verzichtet wird und die Bestattung nur mit Musik begleitet oder gar die anonyme Beerdigung als letzte Konsequenz der »Wegwerfkultur« vorgezogen wird.

Human leben wir nur, wenn wir das Ganze unseres Lebens sehen, die Einheit unseres Lebens als Kindheit, Jugendzeit, aber eben auch als Alter und Ende des Lebens. Wer human, christlich, barmherzig, aber auch vernünftig leben will, indem er an sein eigenes Alter denkt, der wird die »Alterspflege« als ein Politikum ersten Grades mit Vehemenz unterstützen. Er wird darum besorgt sein, daß Alterspflege nicht zum Abfall wird, daß Absicherungen auch so geplant und ausgestaltet werden, daß der Wunsch von 90 % aller Menschen in Erfüllung geht, im eigenen Heim, bei der Familie das Lebensende verbringen zu können.

Die Hilfe für die Alten bringt nicht ihre Kasernierung. Diese Hilfe muß subsidiär realisiert werden, so daß der Familie die Möglichkeit gegeben wird, die alten Menschen im Hause zu behalten und zu pflegen. Gegen den Kollektivismus hilft nur die Stabilität der Familie. Sie ist eine von Gottes Gebot ausdrücklich geschützte Lebensordnung. Tod der Familie ist das Ende der Humanität, denn das Gebot, das die Autorität der Eltern schützt, betont: »Damit du lange lebst in dem Lande . . .« Wer gegen die Familie ist, ist gegen das Leben.

10. Kapitel

Christen können nicht akzeptieren, daß diese Gesellschaft eine vaterlose Gesellschaft wird

Die Präsidentin des Deutschen Bundestages, Frau Rita Süßmuth, Inhaberin des protokollarisch zweithöchsten Amtes im Staate, hat in einem Interview für die Zeitschrift »Bunte« im Sommer 1991 dafür plädiert, daß der Staat im Hinterbliebenenrecht, bei der Rente und auch bei der sozialen Betreuung zu berücksichtigen habe, »wenn ein gleichgeschlechtliches Paar ein Leben lang für einander sorgt«[109].

Daß diese Gleichstellung homophiler Paare mit »normalen« Familien und Ehepaaren staatsrechtlich garantiert werden soll, ist dem biblischen Ethos ein Schlag ins Zentrum. Für jeden, der auch nur einigermaßen über das Ordnungs- und Schöpfungsethos der Bibel orientiert ist, versteht sich diese Gleichstellung als ein Skandal ersten Ranges. An diesem Schwerpunkt gesellschaftlicher Entfremdung gegenüber biblischem Verständnis der Gesellschaft stellt sich für Christen die bedrängende Frage, wie weit sie einen solchen Staat als Rechtsstaat im herkömmlichen Sinne überhaupt noch akzeptieren können.

Die in der Bibel geoffenbarte Schöpfungsordnung Gottes wird pervertiert – das wird einer Gesellschaft nur schlecht bekommen.

Allerdings steht eine solche Aussage am Ende eines Prozesses, der sich schon lange in unserer modernen Gesellschaft abspielt. Im Anfangskapitel dieses Buches wurde an eine Selbstverständlichkeit von heute erinnert: Die Frau nimmt ihren Platz ein in einer Gesellschaft, die bislang von Männern beherrscht wurde. Aber es geht nicht nur um diesen »Platz« für die Selbstverwirklichung der Frau. Es steckt mehr dahinter. Es geht um den Wandel vom Patriarchat zum Matriarchat. Wir geraten in eine verfraulichte Gesellschaft, die eine bisher überhaupt nicht wahrgenommene Bedrohung des Mannes in seiner herkömmlichen Männlichkeitsrolle mit sich bringt.

Im Hochgefühl der Emanzipation der Frau, angesichts der Triumphe des Feminismus und des Einzugs der Frau in die einst von starken Männern aufgebaute Welt gegenwärtiger Zivilisation wird übersehen, daß der Mann und mit ihm »die Welt der Väter« in eine tödliche Krise geraten sind.

»Den Abstieg des Mannes« hat Sebastian Haffner in einem Kapitel seines Buches »Im Schatten der Geschichte«[110] so beschrieben: »Irgend etwas ist los mit den Männern. Sie sind so empfindsam, hysterisch und unberechenbar geworden, wie man es früher nur den Frauen nachsagte.« Das »normale Männergesicht« – so meint er beobachtet zu haben – drücke »in Ruhestellung« nur »Mißmut« aus. Er sieht – vor allem bei jüngeren Männern – »blicklose Gesichter, eine in sich gekehrte Art zu sprechen, Trübsinn, etwas still Anklagendes, Verprügeltes, Mißbilligung und mißbilligende Hinnahme.« Die Männer von heute seien so »verdruckst, übellaunig und leise tückisch«, der Mann (auch und gerade in der späteren Phase des Lebensalters) fühle sich deklassiert und hätte Anpassungsprobleme.

Die zu ihrer Zeit ungemein einflußreiche amerikanische Wochenzeitung »Look« brachte schon 1958 eine Dokumentation mit dem alles sagenden Titel »The Decline of the American Man« (Der Untergang des amerikanischen Mannes). Seitdem ist das Thema von der Krise des Mannes auf dem Tisch und die Zweifel daran, daß die moderne Industriegesellschaft des Westens auf dem Wege zu einem Matriarchat, zu einer Mutter-Frauenherrschaft sei, werden auch hierzulande schwächer und schwächer, wenn man diesen Vorgang überhaupt noch bewußtmachen will oder kann.

Bereits 1954 – um nur eine Konsequenz dieser gesellschaftlichen Umwälzung zu nennen – beobachtete Abraham Kardiner in dem damals als Bestseller verkauften Buch »Sex and morality«, daß die sich immer mehr ausbreitende Homophilie im »Ausweichen des Mannes vor zu hoch gespannten Forderungen an seine Männlichkeit« ihre Ursache habe. Viele Männer, die sich als Versager ihrer Männlichkeit fühlten, erfahren eine lustverdrängende Angst vor der Frau und finden darum ihre erotische Befriedigung eher in homophilen Partnerschaften.

Die Karrierefrau braucht den Hausmann – aber ob sie mit degradierter Männlichkeit zufrieden ist? Eine bislang nicht beantwortete, vielleicht auch gar nicht so einfach zu beantwortende Frage ist, ob denn die zum Hausmann degradierte Männlichkeit der Frau gefällt. Das zwingt die weitere Frage auf, ob Emanzipation der Frau für eben diese Frau wirklich nur Gewinn oder nicht schlußendlich doch auch Frustration einbringen könnte. Eine frustrierte Gesellschaft wäre es doch, wenn der Mann nicht mehr an der Frau und die Frau nicht mehr an dem Mann das finden, was sie suchen, um miteinander ein »erfülltes Leben« zu haben.

Für den christlichen Politiker stellt sich die Frage, ob dieses Unternehmen nicht ganz und gar gegen die in Gottes Gebot vorgesehene Ordnung der Schöpfung verläuft und ob sich der Mensch damit nicht selbst bestraft.

Auch im politischen Bereich ist ein Strukturwandel durch den »Untergang des Mannes« unverkennbar. Die heute so verachtete, typisch männliche Art, eben streitbar, im Gegensatz von Spruch und Widerspruch, Probleme auf Biegen und Brechen zu lösen, wird mehr abgelöst durch ein »Aussitzen« und »Ausgleichen«. Erfolgreiche Politiker, populistische Parteistrategen, die des Beifalls der Medien gewiß sein dürfen, sind heutzutage Meister im Manipulieren aller harten Spannungen zu freundlichen und faulen Kompromissen.

Das mag zweifellos zur vorläufigen Beruhigung der politischen Szene beitragen. Man duldet rechtsfreie Räume, beruhigt Terror mit Gruppenpsychologie und stützt bankrotte Industrien mit Subventionen. Die politische Szene bleibt ruhig und das ist zumindest vorläufig eben sehr beruhigend. Aber ob der Ausgleich um jeden Preis im Namen der Wohlfühlgesellschaft nicht später doch mit schwersten Opfern und Konflikten bezahlt werden muß? Können politische Herausforderungen auf Dauer mit Küssen der Zärtlichkeit erstickt werden?

Populismus ist Trumpf in der Politik. Die »zärtlich-frauliche Hingabe« an öffentliche Meinung entspricht der fraulich ausgleichenden Kommunikationsfähigkeit. Der harte Konflikt, der der Sache wegen durchgetragen oder durchgekämpft werden muß, wird nur zu gern als typisch männlich verworfen. Während einer der letzten alten Väter in der Politik – Konrad Adenauer – ganz Unpopuläres, wie die Wiedereinführung der Wehrpflicht und Atombewaffnung, politisch durchsetzte und durchkämpfte, beugen sich heute Politiker vor der öffentlichen Meinung in einer Art und Weise, die manchmal zur politischen Handlungsunfähigkeit führen kann. So wird oft Klarheit und Entschiedenheit in der Führung einer Regierung vermißt. Das kann dahin führen, daß der Bürger angesichts politischer Zögerlichkeiten resigniert und Politikverdrossenheit um sich greift. Wenn dann noch jemand behaupten würde, daß Männer die Geschichte machen, würde man ihm eine Beruhigungspille verschreiben.

Ob die Krise des Mannes zur Krise der Politik wird, bleibt abzuwarten und wird ganz gewiß verschieden beurteilt werden.

Daß allerdings der »Untergang des Mannes«, daß das Ende des Patriarchats auch ein langsames Absterben der Familie bedeutet, ist statistisch so reichlich belegt, daß es hier nicht wiederholt zu werden braucht. Daß das Christentum – so wie es sich in seinen Quellen, den Schriften des Alten und Neuen Testamentes darstellt und so wie es zweitausend Jahre gelebt wurde – patriarchalisch strukturiert ist (»Unser Vater im Himmel«), ist genauso eindrucksvoll wie die Tatsache, daß moderne Kirchlichkeit in den Armen des Populismus die Verfraulichung der Kirche betreibt. Dann allerdings gerät sie in eine Identitätskrise, die ihre Botschaft fragwürdig macht.

Warum kam es, wie es kommen mußte? Ist es die Mechanisierung unserer Industriewelt, die männlichen Selbstverwirlichungsdrang zwischen Computern und Robotern kastrierte? Ist es der Untergang des Christentums, weil – wie einst der Kirchenvater Athanasius im 4. Jahrhundert formulierte – Väter nur dort als Väter leben können, wo sie einen Vater im Himmel anbeten? Fragen, die hier nicht beantwortet werden sollen. Dafür noch einmal die ganz praktische Frage: Ist es denn wirklich der Sinn der Geschichte, daß die Frau in die herbe Funktionswelt unserer Streßzivilisation integriert wird und ihre Kinder vom ersten Lebensjahr an in Einrichtungen des öffentlichen Dienstes betreut werden?

Die legitime Emanzipation der Frau, ihre »Befreiung« von Unwürdigkeit und Unterdrückung steht außerhalb der Diskussion. Der bekannte Theologe Karl Barth meinte, daß nur schwache Männer ihre Frauen unterdrücken. Aber ob nicht der gesellschaftliche Zwang zur Rollenverteilung nicht auch die ganz und gar nicht beabsichtigte, aber schockierende Folge haben kann, daß wir das Mütterliche, das Frauliche in unserer ohnehin so fließbandähnlich gewordenen Gesellschaft verlieren? Die »Krise des Mannes« könnte auch zu einer Krise der Frau führen. Der Preis für eine bedingungslose Emanzipation wäre dann allerdings ein sehr hoher Preis.

An zehn konkreten gesellschaftspolitischen Problemkreisen – jeweils nur als Beispiel – wurde versucht darzustellen, wie christliches Ordnungsethos sich in den politischen Herausforderungen der Gegenwart bewähren muß, wenn es sich nicht selber aufgeben will. Politik ist immer pragmatisch, auch christliche Politik darf pragmatisch verfahren. Aber sie darf die Zielvorgabe politischen Handelns nicht aus dem Auge verlieren. Christliche Politik muß darum kämpfen, biblisches Ordnungsethos zum Wohle der Gesell-

schaft allen Widerständen des Zeitgeistes zum Trotz durchzu-
kämpfen. Die Alternative wäre nach biblischer Prophetie das
Chaos – der endzeitliche Triumph der Ungerechtigkeit und des
Antichrist.

Anmerkungen

1 Emil Brunner »Gerechtigkeit, eine Lehre von den Grundsätzen der Gesellschaftsordnung«, Zürich 1943 – 3. Aufl. Zürich 1981 nur noch mit dem Titel »Gerechtigkeit«.
2 ebd.3.
3 ebd.
4 ebd.7.
5 ebd.8.
6 Hermann Cohen »Die Religion der Vernunft aus den Quellen des Judentums« – 1. Aufl. 1905 – Seite 142. Für Cohen gilt: »Der Noachide ist der Vorläufer des Naturrechts für den Staat und auch für die Gewissensfreiheit« (143). Ich würde lieber formulieren, daß der Noachide die »Offenbarwerdung« des Naturrechts bzw. der Schöpfungsordnung ist. Noah ist Partner des »Urgebotes«, das – wenn auch verdeckt – allen Menschenrechten, Sitten und Verhaltensweisen zugrunde liegt. Diese »noachidische Gestalt« beendet den alten Streit zwischen natürlicher und offenbarter Sittlichkeit, weil Noahs Urgebot die Uroffenbarung für menschliches Dasein schlechthin ist. – Das Verbot des Götzendienstes unter diesen sieben Geboten mag überraschen, aber Cohens Deutung überzeugt: »Der Götzendienst ist Bilderdienst. Der Gottesdienst aber ist die Verehrung des wahrhaften Seins. Der Kampf gegen die Götter ist daher der Kampf des Seins gegen den Schein. Der Kampf des Urseins gegen die Abbilder, die kein Urbild haben.« (63)
7 Naturrecht und Schöpfungsordnungen (die katholische und lutherische Begrifflichkeit) können nicht das von Natur aus gegebene, das Natürliche schlechthin meinen. Natur und Schöpfung stehen im Schatten der Feindschaft gegen Gott. Naturrecht und Schöpfungsordnungen sind die von Gott selbst gesetzte Lebensordnung, die dem noachidischen Menschen geoffenbart wurde.
8 Daß die Zeremonialgesetze (Reinheitsgesetze, Speisegesetze, Beschneidung usw.) nicht für den Heiden gelten, der als »Gottesfürchtiger« sich den vorchristlichen jüdischen Gemeinden anschloß, war unumstritten. Umstritten war, ob auch der Voll-Proselyt sich dem Zeremonialgesetz – wie die Juden selbst – zu unterwerfen haben. Für Paulus war mit dem Anbruch des messianischen Zeitalters durch Christus das Zeremonialgesetz erfüllt und darum nicht mehr verbindlich für die Christen.
9 Vergl. hierzu Georg Huntemann »Der andere Bonhoeffer – Die Herausforderung des Modernismus«, 1989, Seite 157 ff., 162 f., 165.
10 Nationalsozialismus und moderne Massenkultur verstand der jüdische Religions- und Geistesgeschichtler H. J. Schoeps als Baalismus, Anbetung von Blut und Rasse im Sinne wiederkehrender Naturmythologie. Ausgeführt wurden diese Gedanken in »Der moderne Mensch und die Religionen«, 1938.
11 Über die Bedeutung der sogenannten »negativen Dialektik« oder »kritischen Theorie« oder »Frankfurter Schule« gibt es bereits eine unübersehbare Literatur. Einen Einblick in die lebensgeschichtliche und philosophische Zusammengehörigkeit dieser erstaunlich konform operierenden Soziologengruppe gibt die objektiv berichtende Arbeit von Rolf Wiggershaus »Die Frankfurter Schule – Geschichte, theoretische Entwicklung, politische Bedeutung«, 1988. – In dieser sehr umfangreichen Arbeit wird auch deutlich, wie sehr diese Gruppe ursprünglich ganz und gar sozialistisch motiviert war.
12 In »Commentaire Paris«, Nr. 52/1988. Francoise Thom versteht das Unternehmen Glasnost und Perestroika als Versuch, auf neuen Wegen, durch Rückbesinnung

auf Lenin, den Kommunismus zu retten. – Ziel des Glasnost ist für diese französische Soziologin, durch Desinformationen den Westen vergessen zu lassen, daß die Sowjetunion ein totalitärer Staat sei und bleibe. – Vergl. hier auch Hans Graf Huyn »Die Doppel-Falle. Das Risiko Gorbatschow«. – Heute wird offensichtlich, daß der Versuch Gorbatschows, den Kommunismus im Sinne Lenins wieder zu vitalisieren, gescheitert ist und daß die Bewegung von Perestroika und Glasnost eine Eigengesetzlichkeit genommen hat, die zweifellos von ihm nicht beabsichtigt war.

13 Vergl. Salcia Landmann »Jesus und die Juden oder die Folgen einer Verstrickung«, 1981, Seite 27, 208. Salcia Landmann vergleicht Herbert Marcuse, den sie als einen »total traditionsentfremdeten deutschen Juden« versteht, mit der jüdischen Sekte der Sabbatarier und Frankisten, die wie Marcuse – allerdings religiös motiviert – an das bald auf Erden anbrechende Paradies glaubten und darum jede anstrengende Tätigkeit für sinnlos hielten, wobei »die Untätigkeit der messianisch Verrückten ein kaum ausmalbares kollektives Elend zur Folge« hatte. Dieses Elend sieht Salcia Landmann als zu erwartende Folge des Marcuseschen Hippie-Messianismus für die westliche Industriewelt kommen.

14 Vergl. Franz Alt »Jesus – der erste neue Mann«, 6. Aufl. 1990, Seite 22 ff. Kritisch zu Franz Alt: Ihm ist die »Unvereinbarkeit« des alttestamentlichen Richtergottes und der Liebe Gottes Jesu klar vor Augen. (118) »Zweitausend Jahre hat uns ein patriarchalisches verzerrtes Gottesbild krankgemacht.« (137) Franz Alt verneint das Zueinander von Recht, Macht und Gericht im biblischen Gottesverständnis und orientiert sich an der »Liebe«, die aber auch nach neutestamentlichem Verständnis eben nicht gegen das Gebot, sondern die Erfüllung der Gebote ist. Liebe ohne Gerechtigkeit im biblischen Sinne ist diffus, sentimental und kann ein Mantel der Selbstverwirklichung sein. Den radikal feministischen Antipatriarchismus, unter dessen Eindruck Franz Alt ganz offensichtlich steht, hat der Jude Micha Brumlik »Der Anti-Alt. Wider die furchtbare Friedfertigkeit«, 1990 völlig zu Recht als antisemitisch charakterisiert und er versteht Alts Buch als »ersten antisemitischen Bestseller seit 1949«. Das »Papi-Gottes-Bild«, das Franz Alt entwirft, ist in der Tat eine Art baalistischer Perversion biblischen (also auch christlichen, nicht nur jüdischen) Gottesverständnisses. Viele moderne, matriarchalisch orientierte »Liebes-Theologen« sind sich gar nicht dessen bewußt, daß sie in ihrem Denken und Fühlen, bei allem äußeren Engagement gegen den Antisemitismus, im Grunde antijudaistisch und antichristlich motiviert sind. In diesem Zusammenhang sei auch auf Martin W. Kloke »Israel und die deutsche Linke. Zur Geschichte eines schwierigen Verhältnisses«, (1991) hingewiesen.

15 Der Bremer Pfarrer Jens Motschmann hat in seinem geradezu spannend zu lesenden Buch »So nicht, Herr Pfarrer«, 1991, einen Lasterkatalog der Anpassungsstrategien in der evangelischen Kirche der Gegenwart aufgestellt, der eindeutig aufweist, wie sehr der deutsche Protestantismus heute in eine Identitätskrise hineingeraten ist, die man gleichsam als eine Krankheit zum Tode bezeichnen könnte.

16 Vergl. Jürgen Moltmann »Gott in der Schöpfung. Ökologische Schöpfungslehre«, 3. Aufl. 1987.

17 Vergl. zur Darstellung und Kritik des Feminismus u.a. Georg Huntemann »Die Zerstörung der Person«, 2. Aufl. 1984 und Lutz von Padberg »New Age und Feminismus«, 1987.

18 Die politische Abstinenz des deutschen Pietismus auf der einen Seite hat sehr oft zur Toleranz gegenüber dem jeweils herrschenden System auf der anderen Seite geführt. Zur Zeit des Nationalsozialismus konnte man in dem »Evangelischen Allianzblatt«, dem gleichsam offiziellen Organ des deutschen Pietismus lesen: »Gott hat noch einmal eine gnädige Atempause vor dem letzten Wehen der Endzeit gewährt, daß sich in der Christenheit die Gemeinde Christi sammelt und das Wort in die Völkerwelt hinausgetragen werden kann.« In diesem Zusammenhang wird

Hitler zur »Macht des Aufhaltenden« vor der Katastrophe der Endzeit verstanden. Beleg-Texte bei Erich Beyreuther »Der Weg der Evangelischen Allianz in Deutschland«, 1969, Seite 90 ff.

19 Die Bedrohung unserer, wenigstens als Abglanz noch erhaltenen, abendländisch-christlichen Identität durch den Islam wäre ein Themenkreis für sich, der in diesem Buch nicht abgehandelt werden kann. Allerdings soll jedem mit Nachdruck widersprochen werden, der da meint, der Islam sei in eine liberal-aufgeklärte, multikulturelle Zivilisation einfach zu integrieren. Es ist nur für sehr, sehr wenige Muslime einsehbar, daß der Mensch jeweils nach seiner eigenen Überzeugung leben, nach seiner Façon, ohne Glaube und Offenbarung, sein Leben gestalten könne. Gegen diese europäische Art und Weise der Säkularisierung bäumt sich der Islam mit Entschiedenheit auf.

Hans A. Fischer-Barnicol (»Die islamische Revolution«, 1981) hat gerade den totalitären Aspekt des Islam herausgearbeitet. Er schreibt (25): »Die muslimische Haltung ist für uns erschreckend; sie kennt und duldet keine Neutralität. Im Grundsätzlichen wird der Islam keine Kompromisse eingehen.«

Der Islam hat vor allem den Säkularisierungsprozeß im Christentum scharfäugig beobachtet: »Weil wir vom Tod nichts wissen wollen und sei, auch als sogenannte Christen, nicht gern auf die Ewigkeit, die mit Unsterblichkeit droht, einlassen, sind wir dazu verurteilt, ans Leben zu glauben. Es erscheint uns als höchster, unbezweifelbarer, in seiner gräßlichen Hinfälligkeit doch absoluter Wert. Asien belächelt, der Islam verflucht diese Art von Frömmigkeit auf Intensiv-Stationen.«

Der Identitätsverlust des Christentums macht die Begegnung mit dem Islam nicht leichter, sondern schwieriger. Von zeitgenössischen Politikern wird diese Art der Herausforderung kaum gesehen, weil sie für religiöse Motivationen in der Geschichte nur selten einen Blick haben.

20 Vergl. hierzu Georg Huntemann »Die politische Herausforderung des Christen«, 1972.

21 Leo Baeck, »Das Wesen des Judentums«, 5. Aufl. 1991, Seite 243. Für Baeck ist »ein Glaube, der nichts als Glaube ist, ein Erlebnis, das so zum Selbstzweck wird, vom Übel«, (147) denn »andächtig schwärmen ist leichter als gut handeln« (52) und »wir können nur an das glauben, was wir tun« (53). Baeck gerät scharf ins Gericht mit dem »gefahrlosen Brustton der Überzeugung«, der »schwulstigen Deklamation« mit dem eigenen »Salbungsfall«, mit dem »besonderen Inbrunstlexikon«, den »Wortkünstlern der Frömmigkeit« usw. (51). Zweifellos trifft Baeck hier eine Art pseudochristlicher Frömmigkeit, die sich jeder gesellschaftlichen oder politischen Verantwortung entziehen will.

22 Als Begründer des Dispensationalismus gilt der aus einer anglo-irischen Familie stammende Laientheologe John Nelson Darby (1800–1882). Dieser Begründer der sogenannten Plymouth Brethen gewann vor allem durch die sogenannte Scofield Bible großen Einfluß zunächst in den USA und nach dem letzten Krieg auch in Deutschland. »Dispensation« wird als eine heilsgeschichtliche Zeitspanne verstanden, in der jeweils eine spezifische, nur dieser Zeitspanne eigene Heilsoffenbarung der Bibel, verwirklicht werden soll und kann. Ansätze zum Dispensationalismus können im Grunde schon bei Augustin bemerkt werden. Diese Art von heilsgeschichtlich orientierter Theologie hat sich in mannigfaltiger Weise entfaltet (und entfaltet sich auch heute noch weiter) und berührt die theologische Ethik dort, wo die Gültigkeit der Thora oder der Bergrede für die Gegenwart relativiert wird.

23 Die reformatorische Theologie unterscheidet zwischen usus politicus (politischen Gebrauch des Gesetzes, vor allem der Zehn Gebote), dem usus paedagogicus (im Spiegel der Gebote erkennt der Mensch und auch der Christ seine Sünde gegen Gott) und dem usus normativus (das Gesetz Gottes als Norm für den auch die wiedergeborenen Christenmenschen). In den vom Luthertum geprägten Konfessionen ist der dritte Brauch des Gesetzes deswegen umstritten, weil für die

Christen keine neue Gesetzlichkeit aufgerichtet werden soll. Die reformierte, von Calvin und Zwingli geprägten Konfession sehen in diesem dritten Gebrauch des Gesetzes die Norm der Heiligung, die sonst mit willkürlichem Subjektivismus verwechselt werden könnte. Hier soll deutlich werden, daß Glaube auch ein Tun ist und nicht ein bloßes Fürwahrhalten und zweifellos bringt diese ethische Strukturierung des Glaubensweges eine stärkere politische Motivierung, wie die Geschichte jener Länder zeigt, die, wie die Schweiz, Holland, Schottland zum Teil auch die USA durch reformiertes Christentum geprägt wurden.

24 In »Widerstand und Ergebung«, 1952, Seite 254.

25 ebd. 113.

26 »Nachfolge«, 1937 – 15. Aufl. 1985, Seite 88.

27 Vergl. hierzu E. Bethge »Dietrich Bonhoeffer«, 1967, Seite 893.

28 Eine Vielfalt von Zuschriften angesichts meines Buches »Der andere Bonhoeffer« äußerte Ärgernis angesichts des von mir positiv bewerteten Zueinander von Christusnachfolge und politischem Handeln. Das Zitat im Text aus einem Brief von vielen anderen ist von daher gesehen ein typisches Zitat.

29 Burghard Affeld im 142. Informationsbrief (1990) der »Bekenntnisbewegung Kein anderes Evangelium«. Wie groß die Schwierigkeiten der Bekenntnisbewegung im Umgang mit Bonhoeffer sind, zeigt diese Position Affelds, die für weite Kreise dieser Bewegung typisch ist.

30 In »Evangelische Sammlung«, Berlin, 5. Januar 1986, Redaktion H. Fuhrmeister, G. Küppers, Prof. Dr. K. Motschmann.

31 Edwin H. Robertson hat in seinem Buch »Dietrich Bonhoeffer. Leben und Verkündigung«, 1989, Seite 370 auf eine bedeutungsvolle Information hingewiesen. Als Bonhoeffer im Gestapogefängnis der Prinz-Albrecht-Straße vom Untersuchungsleiter mit der Androhung erpreßt wurde, seine Braut oder seine alten Eltern zu verhaften, ahnte er, daß die Untersuchungsleiter mehr wußten, als er zugab und zugeben konnte, um andere nicht zu gefährden. Er machte darum einen entscheidenden Schritt nach vorn und bekannte offen seine Gegnerschaft zum Nationalsozialismus, die er mit seinem Christentum begründete. Dazu Robertson: »Er arbeitete darauf hin, daß er, wenn es zu einer Verurteilung kommen sollte, nicht wegen Hochverrat, sondern weil er Christ war, verurteilt würde.« Bonhoeffer hat sich also zu seinem Christsein als Gefangener bekannt. Damit steht seine Tat und sein Tod vor Gott und im Bekenntnis zu Christus.

32 Es ist in diesem Zusammenhang wichtig, noch einmal daran zu erinnern, daß Bonhoeffers Widerstand durch sein Wissen um geplante und schon geschehene Judenvernichtung motiviert war. Mit den »geringsten Brüdern«, von denen er in der »Ethik« spricht (»Ethik«, 1956, Seite 49 ff.), sind ohne Zweifel von ihm die Juden gemeint. Im Gericht des wiederkehrenden Christus wird darum gefragt werden (Mt 24,40), was jeder für diese geringsten Brüder getan hat.

33 Hier wäre auf eine ganz entscheidende Perspektive in der Bonhoefferschen Theologie hinzuweisen, die seinen Christusglauben mehr in die Nähe alttestamentlicher und jüdischer Tradition bringt. Pinchas Lapide kam zu dem Ergebnis: »Aus jüdischer Sicht ist Bonhoeffer der Pionier und Vorläufer einer schrittweisen Re-Hebraisierung der Kirchen unserer Tage.« (Vergl. Zitat bei E. Feil und E. Tödt, »Konsequenzen. Dietrich Bonhoeffers Kirchenverständnis heute«, 1981, Seite 174–176. Bonhoeffer bekannte sich ausdrücklich zur endzeitlichen Heimholung des Volkes Israel zu Christus und zu seinem besonderen heilsgeschichtlichen Weg. In zwei Schriften (»Die Kirche und die Judenfrage« und »Der Arierparagraph in der Kirche«, die eine ein Aufsatz von April 1933, die andere ein Flugblatt von August 1933) lehnt er jegliche Ausgrenzung der getauften Juden aus einer zu »arisierenden Kirche« ab. Eindeutig ist sein Nein zur Rassenideologie damaliger Zeit im Flugblatt vom August 1934: »Die Rasse, das Blut ist eine unter den Ordnungen, in die die Kirche eintritt, aber sie darf nie Kriterium für die Zugehörigkeit zur Kirche sein, dies ist allein das Wort Gottes und der Glaube.«

Bemerkenswert für das Jahr 1933 ist Bonhoeffers leidenschaftlicher, aber leider gescheiterter Versuch, die Judenfrage innerhalb der sich damals formierenden »Bekennenden Kirche« zum »status confessionis« zu erheben. Den entscheidenden Grund für Bonhoeffers Hinwendung zum Judentum sehe ich in der Struktur Bonhoefferscher Theologie an sich. Durch seine ganze Theologie geht von Anfang an der Prozeß der Hebraisierung, weil Bonhoeffer sich von der romantischen, der religiös-hellenistischen Überfremdung des Christentums lösen wollte. Der urtypisch jüdische Primat der »Gerechtigkeit« wird zu einem Leitmotiv der »Nachfolge«. Das Gesetz ist immer das Gesetz Gottes, es ist das Gebot des Gebieters. Darum gibt es »keine Erfüllung des Gesetzes ohne Gottesgemeinschaft, es gibt aber auch keine Gottesgemeinschaft ohne Erfüllung des Gesetzes«. Also kein Gebot ohne Gebieter, aber auch kein Glaube an den Gebieter der Gebote. Vergl. hierzu »Der andere Bonhoeffer a. a. O. 162.

Nach 1938, dem Pogrom vom 9. November, gewann Bonhoeffer eine neue heilsgeschichtliche Perspektive. In der »Ethik« (Entwurf von 1940) schreibt er, daß die »Verstoßung der Juden aus dem Abendland« die »Verstoßung Christi nach sich ziehen« müsse, denn Jesus sei Jude gewesen. Die traditionelle Verwerfungstheorie wird nun vollends aufgegeben: »Die abendländische Geschichte ist nach Gottes Willen mit dem Volke Israel unlösbar verbunden, nicht nur genetisch, sondern in echter unaufhörlicher Begegnung.« – Die brennenden Synagogen von 1938 werden ihm zum Zeichen einer sich anbahnenden Christenverfolgung: »Wenn heute die Synagogen brennen, dann werden morgen die Kirchen angezündet werden.« (Vergl. W. E. Zimmermann »Begegnungen mit Dietrich Bonhoeffer«, 1969, 142.

Der Gott-Vater-Haß der NS-Ideologie, der sich heute im modernen Feminismus und Matrialismus fortsetzt, war und ist gleichzeitig radikal antijüdisch und antichristlich. Diese durchgehende anti-judaeo-christliche Tendenz im 20. Jahrhundert habe ich in meinem Bonhoefferbuch gerade im Blick auf Bonhoeffers Theologie zum Entsetzen aller Feministen herausgearbeitet. – Neben der Würdigung der Thora liegt die Re-Hebraisierung Bonhoefferscher Theologie vor allem eben auch in seinem aufsehenerregenden Verständnis des »religionslosen Christentums« oder der »Nicht-religiösen-Interpretation« des Neuen Testamentes. Bevor man vom Letzten der Erlösung jenseits der Todesgrenze redet, sollen wir – so meint Bonhoeffer – das Vorletzte der geschichtlichen Erlösung diesseits der Todesgrenze vergegenwärtigen. –

In »Widerstand und Ergebung« sieht Bonhoeffer im Leiden des Judentums nicht mehr wie noch 1933 ein Leiden unter dem Fluch, sondern ein Leiden in und mit Gott – das Leiden derer, die aus der Welt durch Ungerechtigkeit herausgedrängt, verachtet, verfolgt und gekreuzigt wurden (vergl. hierzu Bertold Klappert in »Ethik im Ernstfall – Dietrich Bonhoeffers Stellung zu den Juden und ihre Aktualität«, 1982, 114). Die »Gesammelten Aufsätze« wurden herausgegeben von W. E. Tödt. – Das Teilhaben am Leiden Christi im Tun der Gerechtigkeit, im Hunger und Durst nach Gerechtigkeit und in der Verfolgung um der Gerechtigkeit willen, ist für Bonhoeffer eben nicht religiöse, sondern legitime urchristliche Interpretation des Kreuzes. Nicht der religiöse Heilsegoismus, nicht die subjektivistische Bedürfnisreligiösität, die jeweils Gott als »Deus ex machina« zur eigenen Selbstverwirklichung herbeizitiert, sondern das Leben in Christus und das Leben für andere ist der Weg, den Bonhoeffer als Nachfolge verstand.

Kein christlicher Theologe hat so radikal das Zueinander von synagogalem Judentum und dem Christentum christologisch und ethisch reflektiert. Von kirchengeschichtlicher Bedeutung aber ist die christologische Perspektive des Zueinander von Gerechtigkeit und Leid gerade in dieser modernen Welt, die in gleicher Weise antijudaistisch und antichristlich agiert und in einer neuen »religiösen Welle« Jesus als Projektion der Selbstverwirklichung versteht. Die Re-Hebraisierung in der Theologie Bonhoeffers hat also neue Perspektiven für die gegenwärtige heilsgeschichtliche Situation christlicher Existenz aufgezeigt.

34 Nach herkömmlicher, allgemein-christlicher Lehre wird das Martyrium als ein frei und duldend erlittener Tod verstanden, den ein Christ in der haßerfüllten Verfolgung des christlichen Glaubens (odium fidei) insgesamt oder auch als Teilaspekt eines Glaubens oder einer christlichen Tugend auf sich nimmt. Bonhoeffer hat im Bekenntnis zum christlichen Glauben und wegen der »Tugend der Gerechtigkeit« in der Verwirklichung dieses Glaubens bewußt, frei und duldend den Tod erlitten – war also ein Märtyrer.

35 Die Aussage Mt 11,12 hat eine lange Interpretationsgeschichte. A. Schweitzer verstand diese Aussage »positiv« in dem Sinne, daß Jesus selbst das Reich herbeizwingen wollte durch sein Leben und durch die, die ihm nachfolgten. Anders sieht es z. B. Eduard Schweizer, dessen Interpretation sich allgemein durchgesetzt hat und die auch mich überzeugte: »So weist alles darauf hin, daß Jesus hier tatsächlich erklärt, daß Gottes Reich da sei, aber als Vergewaltigtes, von den Menschen Niedergetretenes.« Vergl. hierzu »Das Neue Testament Deutsch«. Neues Göttinger Bibelwerk«. Bd. 12, 1976, 170.

36 Auch diese »Macht des Aufhaltenden« hat ihre lange und komplizierte Interpretationsgeschichte, auf die in diesem Zusammenhang natürlich nicht eingegangen werden kann. Bedeutsam ist, daß nicht die Wiederkunft Christi unmittelbar »aufgehalten« wird, sondern die dieser Wiederkunft unmittelbar vorangehende Katastrophe des »Abfalls« mit dem »Menschen der Gesetzlosigkeit«, dem »Sohn des Verderbens« der Gott verdrängen und sich an die Stelle Gottes setzen will. Diese antigöttliche Macht begegnet uns neben dieser Stelle im 2. Thessalonicherbrief und noch in den endzeitlichen Reden der Evangelien, des 1. Johannesbriefes und in der Offenbarung des Johannes. Vergl. zur Einführung in diesem Zusammenhang »Das Neue Testament Deutsch« a. a. O., Bd. 8, 1976 die Ausführung von G. Friedrich.

37 Leo Baeck »Das Wesen des Judentums«, a. a. O., 278.

38 Vergl. hierzu J. H. Yoder »The politics of Jesus«, 2. Aufl.1985, 37. Yoder bezieht sich hier auf Untersuchungen von Rabbi Stephen Schwarzschild.

39 Ganz abgesehen von dieser politischen Bedeutung des Reichtums ist natürlich im Verständnis des gesamten Neuen Testamentes Reichtum als solcher, eben in seiner Sorgenstruktur, unmittelbare Gefährdung des Seelenheils. Hierzu Luise Schottroff und Wolfgang Stegemann (»Jesus von Nazareth – Hoffnung der Armen«, 1978, 57): »Die schlaflose Sorge der Reichen war in der Antike geradezu sprichwörtlich. Sie sorgten sich, Diebe könnten ihr Geld stehlen, die Faulheit der Arbeiter könnte sie ruinieren, ihre Getreidevorräte könnten verderben. Man empfahl den Reichen in Philosophenkreisen, sie sollten die Sorglosigkeit des einfachen Lebens annehmen. Luxuskleider und verfeinerte Speisen seien keine echten Bedürfnisse. Schlichte Kleidung, Getreide, Bohnen und klares Wasser genügten eigentlich zum glücklichen Leben. Nehmt euch ein Beispiel an euren Idealen: Sokrates oder Diogenes von Synope und Krates!«

40 Schottroff a. a. O., 10.

41 Yoder, a. a. O., 76.

42 Im römisch besetzten Israel im 1.Jahrhundert nach Christus »gab es mehr Zöllner und Zollbedienstete als in vielen anderen Teilen des Reiches«. Darunter gab es viele Kleinunternehmer aus der einheimischen Bevölkerung, die mit der römischen Besatzungsmacht Verträge über die Eintreibung der Zölle abschlossen. Diese Zollunternehmer ließen die eigentliche Arbeit des Eintreibens, also die Schmutzarbeit, durch Sklaven oder andere »Unterprivilegierte« ausführen. Die sich an Jesus anschließenden Zöllner waren wohl nicht die Zollunternehmer selbst, sondern deren Arbeitssklaven. Vergl. hierzu Schottroff a. a. O., 16 ff.

43 In diesem Zusammenhang ist daran zu erinnern, daß die Kirchenväter der ersten Jahrhunderte die Entstehung des Eigentums durch den Sündenfall verursacht

sahen und daß darum Eigentum für sie lediglich eine Notordnung war. Auch in der Scholastik des Mittelalters, so auch bei Thomas von Aquin blieb das Privateigentum dem Gemeineigentum untergeordnet. Während Luther und Zwingli dem Privateigentum sehr distanziert gegenüberstanden, hat Calvin Kapitalbildung positiv beurteilt, das private Eigentum weniger als Notordnung, denn als Möglichkeit zur Ehre Gottes gesehen. Erst John Locke (also am Ende des 17. Jahrhunderts) hat das Privateigentum naturrechtlich, also als Schöpfungsordnung Gottes, positiv verstanden und begründet.

44 Leo Baeck »Das Wesen des Judentums«, a. a. O., 44.

45 Karl Barth »Rechtfertigung und Recht«, erschien 1938 als Heft 1 der »Theologischen Studien«. Hier wird benutzt die 3. Aufl., Seite 9. Die Kompliziertheit der Ausführungen Barths in diesem Heft versteht sich daher, daß er ziemlich spontan eine theologische Ethik des Politischen kreieren mußte, die so nicht im Gang seines bisherigen theologischen Denkens lag. Barths positive Aussage vom Staat in dieser Zeit kann nur von seiner entschiedenen Gegnerschaft zum Nihilismus der NS-Ideologie verstanden werden. Barth setzte die positive Wertung des Rechtsstaates gegen den Nihilismus des nationalsozialistischen Unrechtsstaates. Um die »Stimmung« Barths aus dieser Zeit zu charakterisieren, einige Passagen aus einem Brief an Theologiestudenten in Budapest vom 9. November 1938: »Der deutsche Nationalsozialismus bedeutet die auf die bewußte Lüge und auf die blinde Gewalt gestützte Diktatur eines antichristlichen Mythos mit der notwendigen Konsequenz der grundsätzlichen Inhumanität, Unfreiheit und Rechtlosigkeit im Bereiche des ganzen staatlichen, gesellschaftlichen und kulturellen Lebens. Das europäische Vordringen dieses Systems bildet nicht nur ein politisches, nicht nur ein moralisches, sondern auch ein theologisches Problem. Im Bereich dieses Systems kann es grundsätzlich keine Verkündigung des Evangeliums, keine Kirche geben ... Es wäre gut, wenn Sie sich als Christen und Theologen nun auch dafür interessierten, daß Europa, indem es vor der Diktatur des Mythos Schritt für Schritt zurückweicht, indem es sich ihren Methoden beugt und sie sich zu eigen macht, in Begriff steht, zum Irrenhaus zu werden. In diesem Irrenhaus wird es – seien Sie dessen versichert – auch in Ungarn keinen reformierten Protestantismus mehr geben. « – Vergl. hierzu Karl Barth »Eine Schweizer Stimme 1938–1945«, 2. Aufl. 1953.
Die Ausführungen dieses Kapitels sind weitgehendst, wenn auch nicht unkritisch, durch Karl Barth motiviert, dessen Versuch, Christologie und Politik in eine Korrelation zu bringen, von mir grundsätzlich bejaht wird. Zu meinen kritischen Vorbehalten gegenüber Karl Barth vergl. »Die ideologische Unterwanderung in Gemeinde, Theologie und Bekenntnis«, 1985, 59 ff., dort vor allem das Kapitel »Karl Barth – der Sozialist«. Wer Karl Barths Grundstruktur der politischen Ethik übernimmt, braucht aber die Konsequenzen, die Karl Barth daraus gezogen hat, für sich nicht zu übernehmen. Vergl. im Gegensatz zu dieser Auffassung F. W. Marquardt »Theologie und Sozialismus. Das Beispiel Karl Barths«, 2. Aufl. 1972

46 »Rechtfertigung und Recht« a. a. O., 15.

47 K. L. Schmidt hat in seiner Basler Antrittsvorlesung vom 2. Dezember 1936 (vergl. »Theologische Blätter 1937«, Nr. 1) wohl als erster das Thema der Dämonisierung des Staates durch die von der Selbstverabsolutierung bedrohten Engelmächte in die Diskussion eingeführt. Im allgemeinen hat die protestantische, neutestamentliche Forschung (abgesehen von O. Cullmann) diese Interpretation nicht akzeptiert.

48 Der Triumphalismus der Theologie Karl Barths, seine geradezu optimistische Einstellung der nachösterlichen Geschichte, hat seine Kritik gefunden in G. C. Berkouwer »Der Triumph der Gnade in der Theologie Karl Barths«, 1957. Meine Kritik gründet sich vor allem darin, daß Barth die Endzeitkatastrophen der neutestamentlichen Prophetie in seiner Eschatologie – soweit man überhaupt davon sprechen kann – nicht berücksichtigt hat.

49 Der konsequenteste Vertreter dieser Auffassung von Römer 13 innerhalb des Luthertums ist Werner Elert »Das christliche Ethos. Grundlinien der lutherischen Ethik«, 2. Aufl. 1961, vor allem aber die geradezu mit Leidenschaft geschriebenen Aufsätze »Zwischen Gnade und Ungnade«, 1948.

50 a. a. O., 25.

51 ebd.

52 Walter Künneth in »Erneuerung und Abwehr«, 1991, Nr. 7. Die Ausführungen im Text lehnen sich an diese Gedanken Walter Künneths an.

53 »Christengemeinde und Bürgergemeinde« erschien zuerst 1946 als Heft Nr. 20 der »Theologischen Studien«.

54 »Die Frage, wie es eine natürliche Frömmigkeit geben kann, ist zugleich die Frage nach dem ›unbewußten Christentum‹, die mich mehr und mehr beschäftigt. Die lutherischen Dogmatiker unterschieden eine fides directa von einer fides reflecta.« So in »Widerstand und Ergebung«, a. a. O., 252. Es wäre natürlich wichtig, diese Aussage von Bonhoeffer auch im Zusammenhang mit der Gestalt des »noachidischen Gerechten« zu sehen, der ja auch immer »der leidende Gerechte« sein wird, – vor allem in klarer Abgrenzung gegen eine natürliche Theologie.

55 »Christengemeinde und Bürgergemeinde«, a. a. O. 73.

56 Vergl. hierzu die zu seiner Zeit erregenden Zeilen aus Barths Brief vom 19. September an Professor Hromadka in Prag. Diese Zeilen wurden geschrieben, als es im September 1938 wegen der Sudetengebiete in der Tschechoslowakei zu einer politischen Krise in Europa kam: »Jeder tschechische Soldat, der dann streitet und leidet, wird es auch für uns – und ich sage es heute ohne Vorbehalt – er wird es auch für die Kirche Jesu Christi tun, die in dem Dunstkreis der Hitler und Mussolini nur entweder der Lächerlichkeit oder der Ausrottung verfallen kann. Merkwürdige Zeiten, lieber Kollege, in denen man bei gesunden Sinnen unmöglich etwas anderes sagen kann, als daß es um des Glaubens willen geboten ist, die Furcht vor der Gewalt und die Liebe zum Frieden entschlossen an die zweite und die Furcht vor dem Unrecht, die Liebe zur Freiheit ebenso entschlossen an die erste Stelle zu rücken!« – Abgedruckt in »Eine Schweizer Stimme«, a. a. O.

57 »Christengemeinde und Bürgergemeinde«, a. a. O. 65.

58 »Die Akten der Synode der niederländischen Gemeinden, die unter dem Kreuz stehen und in Deutschland und Ostfriesland verstreut liegen. Gehalten zu Emden am 4. Oktober 1971.« – Dort heißt es im 1. Artikel: »Keine Gemeinde (Kirche) darf über die andere Gemeinde das Primat oder die Herrschaft an sich reißen, kein Prediger über die anderen Prediger, kein Ältester über die übrigen Ältesten, kein Diakon über die Diakone.«

59 Celsus »Wahres Wort« – rekonstruiert durch Origines in »Contra celsum«.

60 A. Schweitzer »Die Mystik des Apostels Paulus«, 2. Aufl., 1954, 190–193.

61 Vergl. Anm. 59.

62 In gegenwärtiger Theologie ist angesichts der Verheißungsaussagen Jesu über die Armen weniger von Eschatologie als von Utopie die Rede (vergl. hierzu L. Schottroff a. a. O.).

63 J. H. Yoder a. a. O., 63.

64 Im »Kleinen Lexikon zur Theologie der Befreiung« von Horst Goldstein, 1991, 107. Die ergänzende Kritik an der statischen Christologie der alten Kirche ist – auch wenn sie von katholischen Befreiungstheologen kommt – angesichts der »hellenistischen Überfremdung« des Christentums durch das altkirchliche Dogma durchaus beachtenswert.

65 Friedrich Hebbel »Werke«, ed. G. Frigge, 5 Bände, 1963, IV, 2932.

66 Am 21. Mai 1860 an Asa Gray in »Life and letters of Charles Darwin«, ed. F. Darwin, 1987.

67 »Sämtliche Werke«, ed. A. Hübscher, II, 387 ff.

68 Bertrand Russel »Warum ich kein Christ bin«, 1963, 104.

69 Franz Alt »Jesus – der erste Mann«, a. a. O., 56.

70 Gérald Messadié »Ein Mensch namens Jesus«, 1989, 690.
71 E. Kellerhals in »Die Religion in Geschichte und Gegenwart«, 3. Aufl. 1959, III, 923.
72 Peter de Rosa »Der Jesus-Mythos«, 1991, 69. Peter de Rosa zitiert (77) den Romancier Friedrich Raphael, der 1989 in der Londoner Zeitung »Independent« schrieb: »Man konnte es kaum glauben, als ich neulich las, daß 97 % der Amerikaner an einen persönlichen Gott glauben. Ich wußte nicht, daß es so viele unintelligente Menschen in den USA gibt. Ich weiß nicht, was sie glauben, mit diesem persönlichen Gott meinen zu können, der nicht eingreift, außer um dafür zu sorgen, daß der Scheck auf dem richtigen Konto landet. Es ist eine außerordentliche Frivolität.«
73 Vergl. hierzu Quellenhinweise und die ausgezeichnete Interpretation bei F. Heer »Europa, Mutter der Revolutionen«, 1964, 269.
74 Peter de Rose a. a. O., 23.
75 Vergl. F. Heer, a. a. O., 363.
76 »Auf der Suche nach einer jüdischen Theologie – der Briefwechsel zwischen Schalom Ben-Chorin und Hans-Joachim Schoeps«, ed. Julius H. Schoeps, 1989, 100.
77 C. Peter Wagner »Der gesunde Aufbruch: Wie Sie in Ihrer Gemeinde für Kranke beten können und trotzdem gesund bleiben« – Deutsche Ausgabe 1989.
78 Vergl. hierzu F. Stössinger »H. Heine. Mein wertvollstes Vermächtnis. Religion – Leben – Dichtung.« 1950, 337 ff.
79 Vergl. hierzu F. Heer »Der Glaube des Adolf Hitler«, 1968, 405 – Hitler war der Meinung, Politiker dürften niemals Pessimisten sein. In der Wolfsschanze sagte er: »Überhaupt wäre es am besten, man könnte alle Pessimisten umbringen.« (405) F. Heers Buch über »Hitlers Glaube« ist wohl die umfassendste und überzeugendste Darstellung, die es zu diesem Thema gibt.
80 Lothar Gall »Bismarck. Der weiße Revolutionär.« 2. Aufl. 1980, 45.
81 ebd.
82 »Gesammelte Schriften«, 2. Aufl. 1965/66, I, 398 ff.
83 Die »Apostellehre« oder »Didache« gehört zwar nicht zu dem Kanon biblischer Schriften, hatte aber in der Urchristenheit weittragende Bedeutung und wurde wie eine »Heilige Schrift« verehrt. Sie blieb bis zum Jahre 1883 unbekannt. Vergl. E. Hennecke »Neutestamentliche Apokryphen«, 1904, 182 ff. Zum Zitat im Text: Didache 2,2.
84 Für alttestamentliches Lebensverständnis war völlig klar, daß Gott das Leben im Mutterschoß bereitete, und daß es darum unantastbar ist. Vergl. Prediger 11,5: »Die Gebeine werden im Mutterschoß bereitet.« Sogar erwählendes Handeln Gottes zu einem besonderen Auftrag gilt vom Mutterschoß an (Ri 13,15; Je 49,1). Von Johannes dem Täufer wird ausgesagt, daß er bereits im Mutterschoß mit dem Heiligen Geist erfüllt wird. Vergl. hierzu auch Georg Huntemann »§ 218 – Um Leben und Tod der Ungeborenen«, 1971.
85 Nach rabbinischer Auffassung schreien die Seelen der ungeborenen Kinder zum Himmel. Der Embryo wird als Lebewesen betrachtet und besitzt schon im Mutterleib verschiedene Rechte. Vergl. hierzu »Challenge-Thorah Views on Science and its Problems«, ed. A. Carmell und C. Dombb, 1988.
86 Die »Rosenheimer Erklärung« ist eine Aussage der Synode der Evangelischen-Lutherischen Kirche in Bayern vom 19. April 1991 in Rosenheim. Die entscheidenden Punkte (von insgesamt 6) sind folgende:
1. Die Frau und das in ihr wachsende Leben sind aufs engste miteinander verbunden. Deshalb kann werdendes menschliches Leben nur geschützt werden mit der Frau, die das werdende Kind annimmt, sich mit ihrer ganzen Existenz für das Kind einsetzt, es nährt und ihm Zukunft gibt. In Konfliktsituationen kann die letzte Entscheidung der betroffenen Frau von niemandem abgenommen werden: Sie muß sie in ihrer Verantwortung vor Gott treffen.

     6. Dem Sinn der hier vorgelegten Ausführungen entspricht es, daß die betreffenden gesetzlichen Bestimmungen zum Schwangerschaftsabbruch nicht mehr im Strafgesetzbuch, sondern in einem Gesetz zum Schutz des ungeborenen menschlichen Lebens verankert werden.«

87 Unbedingt sei daran erinnert, daß hier nur die politische Perspektive der Bergrede reflektiert wird. Die Bergrede hat wie jede biblische Aussage mehrere Perspektiven. So gibt es auch eine persönliche und zwischenmenschliche Perspektive des »Rechts – und Gewaltverzichtes« und der Feindesliebe, die in diesem Zusammenhang jedoch nicht ausgeführt werden kann, weil sie den Rahmen dieser Untersuchungen sprengen würden.

88 Pinchas Lapide »Die Bergpredigt. Utopie oder Programm?«, 1982. Bedeutsam ist der Kontext der Bergrede mit der Thora und Halacha, der hier herausgearbeitet wird. Die politische Perspektive kommt bei Lapide allerdings zu kurz, das Programm der »Entfeindung« sieht er doch vornehmlich in der persönlich-zwischenmenschlichen Dimension.

89 P. Lapide a. a. O., 10.

90 ebd. 32.

91 ebd. 89.

92 Die Tatsache, daß die Bergrede und ihre inhaltlichen Aussagen des Gewaltverzichtes und der Feindesliebe in anderen Stellen der Synoptiker von Jesus im Blick auf Unterprivilegierte gesagt wurden, hat Daniel Kosch (»Die eschatologische Thorah des Menschensohnes«, 1989) herausgearbeitet. Unter anderem wird ausgeführt: »Tatsächlich wird nun die Forderung der Feindesliebe . . . im Blick auf den Unterlegenen konkretisiert, welcher der Macht ausgeliefert ist, und auch der in Lukas 6,29 angesprochene Geohrfeigte wird dem, der ihn schlägt, höchstens ebenbürtig sein. Hinzu kommt, daß die in Lukas 6,29 (Mt 5,41) vorausgesetzten Situationen (Ohrfeige, Pfändung des Mantels, Zwangsgeleit) nur im Leben des kleinen Mannes, des wirtschaftlich Schwachen und Wehrlosen vorkomme.« (S. 365).

93 Pinchas Lapide a. a. O., 105.

94 ebd. 126.

95 Vergl. hierzu das Kapitel »Es geht um das Abendland« in meinem Buch »Der andere Bonhoeffer ...«, a. a. O., 230 ff. Hier sind mehrere entscheidende Aussagen Bonhoeffers zum »christlichen Abendland« zusammengetragen.

96 D. Bonhoeffer »Ethik«, 1956, 269.

97 Vergl. hierzu D. Bonhoeffer »Ethik«, ebd. 259 ff.

98 H. J. Schoeps »Bereit für Deutschland. Der Patriotismus deutscher Juden und der Nationalsozialismus«, 1970, 29. Dieses erschütternd zu lesende Buch ist eine Dokumentation für die Tragik des politisch konservativen Judentums in Deutschland.

99 ebd. 18. – Diese Beobachtungen des damals in Berlin lebenden Juden H. J. Schoeps haben sich im weiteren Verlauf der Geschichte des »Dritten Reiches« bestätigt. Aus den roten Arbeitervierteln Berlins kam selbst in den schlimmen Zeiten alliierten Bombenterrors – gar zum Erstaunen Josef Goebbels – kein Aufstand gegen das Regime.

100 E. Brunner »Gerechtigkeit«, a. a. O., 182 u. 214. Brunner verweist darauf, daß der »Kollektivismus, die Ein- und Unterordnung des einzelnen ... viel älter und primitiver sei als der Individualismus« (94).

101 ebd. 216.

102 Im Artikel 6 dieser Londoner Verpflichtung heißt es: »Wir wiederholen die Worte der Lausanner Verpflichtung: Wir sind entsetzt über die Armut von Millionen und aufgeschreckt von Ungerechtigkeit, durch die sie verursacht wurde. Ein Viertel der Weltbevölkerung genießt unvergleichlichen Wohlstand, während ein anderes Viertel unter bedrückender Armut leidet. Dieses riesige Ungleichgewicht ist eine Ungerechtigkeit, die nicht geduldet werden kann; wir

sind nicht gewillt, uns damit abzufinden. Der Ruf nach einer neuen Weltwirt-schaftsordnung ist Ausdruck einer berechtigten Enttäuschung der dritten Welt.« – Vergl. hierzu W. Lachmann »Leben wir auf Kosten der dritten Welt?«, 2. Aufl. 1987, 65. – Evangelikale Literatur, die in Richtung der Londoner Erklärung liegt: Ronald J. Snyder »Der Weg durchs Nadelöhr. Reiche Christen und Welthunger«. Wuppertal 1978; Helmut Burkhard (Hrsg.): »Einfacher Lebensstil – ein neuer Maßstab? Thesen zur Evangelisation und sozialer Gerechtigkeit«. 1981; »Ein-faches Leben ist nicht einfach – Perspektiven für Christen«. 1980 – Bedenklich bei all diesen Erklärungen ist, daß sie in der ethischen Basis weit hinter Brunners »Gerechtigkeit« zurückfallen und daß die wirtschaftliche Konkretion ihrer Anliegen viel zu wenig bedacht wird und die unaufgebbaren Strukturen bibli-schen Gesellschaftsverständnisses zu wenig berücksichtigt werden.

103 Lachmann a. a. O., 66 u. 122.

104 ebd. 61 u. 95.

105 In diesem Zusammenhang wird an das Beispiel Japans oder der sogenannten ostasiatischen »Tigerländer« erinnert, die eine freiheitliche Wirtschaftsordnung ohne abendländisch-christliche Voraussetzungen entfaltet haben. Dieses zwei-fellos herausfordernde Problem wurde in diesem Buch bewußt außer acht gelassen, nicht nur weil es den Rahmen gesprengt hätte, sondern auch wirklich hinreichende Studien zu diesem Komplex noch nicht vorliegen, jedenfalls soweit es um den hier interessierenden Strukturvergleich geht. Sicher ist aller-dings, daß sich in jenen Räumen eine Region der dritten industriellen Revolution aufbaut, in der sich Individualismus, abendländisches Rechts- und Ordnungs-denken kaum wiedererkennen lassen. Karel von Wolferen »Vom Mythos des Unbesiegbaren: Anmerkungen zur Weltmacht Japan«, deutsche Übersetzung 1989 hat auf die kollektivierenden Strukturen jener Länder hingewiesen. Er erinnert daran, daß das japanische Bildungssystem nicht etwa das Denkvermö-gen seiner Zöglinge schärft, sondern einem solchen Ziel sogar feindlich gegen-übersteht. Spontanes Denken würde ebenso wie spontanes Verhalten in praktisch allen Schulen systematisch unterdrückt und für Originalität habe niemand Geduld. Den Schülern würde nicht beigebracht, logisch zu denken oder die richtigen Fragen zu stellen, sondern schlichtes Behalten und Auswendiglernen würde betont. Japanische Schüler mit guten Examen würden riesige Massen von Fakten im Kopf mitschleppen und wenn sie diese Fakten verbinden und zu einem zusammenhängenden Weltbild verarbeiten sollten, müßten sie das ganz alleine tun: »Es formt Generationen disziplinierter Arbeiter für ein techno-meritokrati-sches System, das hoch sozialisierte Individuen erfordert, die in einem starren, hierarchischen und fein abgestimmten Organisationsmilieu viel leisten können« (133).
Der Angestellte müsse sich so sehr mit seiner Firma verschmelzen, als sei er ganz in sie eingebunden, sonst könne er kaum als würdiges oder vollgültiges Mitglied der Gesellschaft akzeptiert werden (243). Loyalität zum Vorgesetzten habe Vorrang vor anderen anerkannten moralischen Werten (257). Die Japaner würden besonders in den Städten so behandelt, als wären sie Untertanen statt Bürger. Sie würden in einer Umgebung des ständigen Zuredens und der Ermah-nung leben. Ständig würden sie vor Gefahren gewarnt, an die richtige Art erinnert, die Dinge zu tun, die ihnen einfach vorgeschrieben würden. Den Passanten auf der Straße würde das Gefühl vermittelt, »sie seien potentiell unartige Kinder« (281). In den »Anleitungen« zum Unterricht über die Verfas-sung, die die Autoren von Schulbüchern 1987 bekamen, wird vor allem anderen betont, die Garantien der Rechte des einzelnen müßten auf gesellschaftliche und nationale Pflichten verlagert werden.

106 Vergl. Friedrich Heer »Europa, die Mutter der Revolutionen«, a. a. O., 97.

107 W. Rathenau »Zur Mechanik des Geistes«, 1913. Rathenau war der Meinung, daß menschliches Denken und Fühlen der Neuzeit wesentlich durch die techni-

sche Revolution geprägt sei. Die mechanische Arbeit in der industriellen Industriewelt sah er als eine unumgängliche Notwendigkeit.

108 D. Bonhoeffer »Ethik«, a. a. O., 115 ff.

109 Vergl. zu diesem Interview »Der Spiegel« 1991/32, S. 24. In diesem Zusammenhang sei an die Fernsehpredigt (»Wort zum Sonntag«) erinnert, die am 17. August 1991 vom Hessischen Rundfunk aufgezeichnet wurde. In dieser Predigt bezog der evangelische Theologe Heiko Rohrbach Stellung zur christlichen Haltung gegenüber gleichgeschlechtlichen Lebensformen. Er kritisierte dabei die Äußerungen eines bayerischen CSU-Politikers, der angeblich homosexuelle Beziehungen mit Teufelsanbetungen verglichen haben soll. Rohrbach sagte: »Schlimm ist, daß wieder einmal der Teufel bemüht wird, wenn es um lustvolle menschliche Beziehungen geht.« Für Rohrbach gibt es mit Einschränkung nur eine Sünde – »und das ist die Lieblosigkeit.« Rohrbach geht davon aus, daß die gesellschaftlichen Werte sich gewandelt hätten und daß wir hinsichtlich Sitte und Moral nicht so handeln könnten, wie es für biblische Zeiten einmal vorgeschrieben worden wäre. Eindeutig ist hier also gegen das Gebot Alten und Neuen Testamentes die Bejahung der Homosexualität, die Relativierung der Gebote Gottes und die Proklamation der Liebe als einziger Maßstab in der Unterscheidung von Gut und Böse.

110 Sebastian Haffner »Im Schatten der Geschichte. Historisch-politische Variationen aus zwanzig Jahren.« 3. Aufl. 1985, 327 ff. (Das Kapitel »Der Abstieg des Mannes«).

Von Georg Huntemann sind folgende Veröffentlichungen erschienen:

(Zeitschriftenaufsätze ausgenommen)

»Utopisches Menschenbild und utopistisches Bewußtsein im 19. und 20. Jahrhundert«, 1953

»Die dialektische Theologie und der spekulative Idealismus Hegels«, 1957

»Morgen wird man wieder Christ sein«, 1962

». . . und was die Bibel dazu sagt« – Weg und Irrweg der Sexualität, 1964 (Niederländische Ausgabe 1965)

»Angriff auf die Moderne« – Christusglaube zwischen gestern und morgen, 1966 (Niederländische Ausgabe 1968)

»Provozierte Theologie in technischer Welt«, 1968

»In der Spannung leben« – Zwischenbilanz eines Gemeindepfarrers, 1970

»§ 218 – Um Leben und Tod der Ungeborenen, 1971

»Streit in der Kirche«, 1971

»Autorität oder Chaos«, 1971

»Aufstand der Schamlosen« – Das christliche Ethos angesichts der sexuellen Revolution, 1971 (Finnische Ausgabe 1975)

»Die politische Herausforderung des Christen«, 1972

»Was kommen wird« – Die Bibel über die Zukunft der Welt, 1973

»Als Christ leben – aber wie?«, 1975

»Am Anfang die Wahrheit« – Die fünf Bücher Mose über
das Woher und Wohin von Welt und Gemeinde, 1977 (Niederländische Ausgabe 1979)

»Diese Kirche muß anders werden« – Ende der Volkskirche –
Zukunft der Bekenntniskirche, 1979

»Die Zerstörung der Person« – Umsturz der Werte,
Gotteshaß der Vaterlosen, Feminismus, 1981 (Niederländische
Ausgabe 1983)

»Friede oder Krieg auf Erden« – Entscheidung über Sein und
Nichtsein, 1982

»Der verlorene Maßstab« – Gottes Gebot im Chaos dieser Zeit,
1983

»Die verratene Reformation«, 1983

»Ideologische Unterwanderung in Gemeinde, Theologie und
Bekenntnis«, 1985

»Der Himmel ist nicht auf Erden« – Vom Elend des Protestantismus, 1986

»Der andere Bonhoeffer« – Die Herausforderung des Modernismus, 1989

»Das Glaubensbekenntnis« – Aktuell ausgelegt für Menschen
von heute, 1989

»Vom Überlebenskampf des Christentums in Deutschland«,
1990